AS DESIGUALDADES SOCIAIS, A MULHER E A LIBERDADE NO DIREITO

Régis Fernandes de Oliveira

As desigualdades sociais, a mulher e a liberdade no Direito

São Paulo, 2020

As desigualdades sociais, a mulher e a liberdade no Direito
Copyright © 2020 by Régis Fernandes de Oliveira
Copyright © 2020 by Novo Século Editora Ltda.

PREPARAÇÃO: Marília Paris
CAPA: Bruna Casaroti
DIAGRAMAÇÃO: Equipe Novo Século
REVISÃO: Alessandra Resende

Texto de acordo com as normas do Novo Acordo Ortográfico da Língua Portuguesa (1990), em vigor desde 1º de janeiro de 2009.

Dados Internacionais de Catalogação na Publicação (CIP)
Angélica Ilacqua CRB-8/7057

Oliveira, Régis Fernandes de
  As desigualdades sociais, a mulher e a liberdade no Direito / Régis Fernandes de Oliveira. – Barueri: Estante de Direito, 2020.

1. Direito 2. Direito – Filosofia 3. Desigualdade social – Aspectos jurídicos 4. Mulher – Direitos 5. Liberdade I. Título

20-1454   CDD-340.1

Índice para catálogo sistemático:
1. Direito – Filosofia 340.1

Alameda Araguaia, 2190 – Bloco A – 11º andar – Conjunto 1111
CEP 06455-000 – Alphaville Industrial, Barueri – SP – Brasil
Tel.: (11) 3699-7107 | Fax: (11) 3699-7323
www.gruponovoseculo.com.br | atendimento@gruponovoseculo.com.br

Sumário

CAPÍTULO I
AS DESIGUALDADES SOCIAIS

1. Introdução. O direito e a realidade. Heidegger. Foucault. 11
2. Disputa pelo poder. O direito é o poder do mais forte. Hesíodo. Tucídides. Platão. La Fontaine. Pascal. 12
3. Os desiguais e os diferentes. Rousseau. Piketty. Todorov. Foucault. Scaff. 15
4. A vida nua. Loucos. Índios. Miseráveis. Mulheres e aborto. Drogados. Agamben. 18
5. Bem comum? 24
6. As paixões nas escolhas orçamentárias. Lima Barreto 26
7. O mundo do homo sacer. A literatura. Os miseráveis. Os presos. Os homossexuais. Genet. Os doentes. Guinzburg ... 30
8. O destino de recursos aos desprotegidos. Bobbio. 32
9. O gasto público decorrente dos sentimentos. Machado de Assis 33
10. Conexão do direito financeiro com os humilhados e ofendidos. Amartya Sen. A pobreza 35
11. A titulação dos interesses. 36
12. As necessidades públicas e sua distribuição entre os entes federativos. 38
13. A vida líquida. 40
14. A felicidade. 41
15. A saúde. Direito de todos e dever do Estado. 42
16. A pobreza como problema jurídico. 54
17. Capacidade contributiva tributária e receptiva financeira. Mattarella. Políticas públicas e destinatários. 59

18. O Fundo de Erradicação da Pobreza. 64
19. O papel do Tribunal de Contas na erradicação da pobreza. 69
20. Os denominados direitos humanos. Hanna Arendt.
Ionesco 70
21. Globalização. Agamben 83
22. Teoria das verdades contraditórias 84
23. De novo o rótulo direitos humanos 86
24. Liberdade. Introdução 88
25. A miserabilidade como limitação da liberdade. 109
26. O Direito Financeiro e as desigualdades sociais. 110
27. A ignorância com as desigualdades. 116
28. Como aplicar a justiça ao homem-farrapo abandonado
pela sociedade? 117

CAPÍTULO II
A MULHER NO DIREITO

1. Propósito. Shakespeare. Eurípides. Chimamanda 121
2. Algumas palavras sobre o método. Bourdieu. Foucault. 124
3. O preconceito. Agnes Haller. 127
4. A mulher na Antiguidade. Finley. Lefèvre. Giordani.
Platão (Menexeno). Auffret. Subalternidade. Aspásia. Hiparquia
e Hipátia de Alexandria. Safo de Lesbos 128
5. A mulher na tragédia grega. Ésquilo. Sófocles e Eurípides. 130
6. A mulher na comédia grega. Aristófanes 134
7. Lendas. Mitos 135
8. A mulher em Roma. Rocha Pereira. Mary Beard. Suetônio.
Veyne. 136
9. O judaísmo 138
10. O cristianismo. Le Goff 138
11. O islamismo 139

12. O Egito. Heródoto.. 140
13. A Mesopotâmia.. 141
14. A mulher na Idade Média. O amor cavalheiresco.
Maria de França. A Papisa Joana. Melusina. Joana D'Arc....... 141
15. John Stuart Mill. 143
16. A Revolução Francesa.. 148
17. A Primeira Grande Guerra. Voto feminino. 148
18. A Segunda Grande Guerra. O advento do comunismo..... 149
19. A literatura libertina. Sade. Choderlos de Laclos.
Virgínia Wolf. Georg Sand. 149
20. A utopia feminina. Auffret.. 150
21. Flora Tristán. Louise Michel. Rosa Luxemburgo.
Frida Kahlo. Simone de Beauvoir... 151
22. 1968. Ano de conquistas?.. 153
23. Aborto. 154
24. A prisão. Angela Davis.. 177
25. Sexo ou gênero.. 183
26. Inseminação artificial.. 185
27. A população LGBTQ+. Homofobia................................... 187
28. Prostituição... 189
29. Queer... 191
30. Despesas com participação eleitoral.................................. 193
31. A violência contra a mulher. Delegacias da mulher.
Casas da Mulher. Tratamento físico e psicológico................... 194
32. Despesas com pessoas portadoras de deficiência. 200
33. Participação em empresas/diferenças salariais. 202
34. A estética e a mulher.. 206
35. A ética. 213
36. Conclusões.. 215

Referências 218

CAPÍTULO I
AS DESIGUALDADES SOCIAIS

1. Introdução. O direito e a realidade. Heidegger. Foucault.

O direito financeiro não pode se limitar ao estudo das normas que a ele dizem respeito. Receitas e despesas são palavras sem conteúdo e sem sentido se não se referirem a uma determinada ação do Poder Público e não incidirem sobre certo segmento social.

A realidade está aí. Heidegger bem assinalou, juntamente com os filósofos da escola de Frankfurt, que o ser não o é por si só. É o ser aí. É o ser em situação. Somente quando olhamos a realidade como ela é podemos estudar o direito. Somente quando sabemos que a norma se refere a um determinado segmento da sociedade é que podemos efetuar análise jurídica. As múltiplas relações que ocorrem na sociedade são alcançadas pela norma. Na primeira linha de seu *Do espírito das leis*, Montesquieu afirma: "As leis, em sua significação mais extensa, são as relações necessárias que derivam da natureza das coisas" ("De l'esprit des lois", Livro 1, capítulo I, ed. GF Flammarion, Paris, 1979, vol. I, p. 123). Insiste que analisaria o espírito das leis e não elas próprias. E este espírito consiste "nas diversas relações que as leis podem ter com as coisas" (Livro 1, capítulo III, ob. Cit., p. 128). Finaliza: "Examinarei as relações que as leis têm com a natureza e com o princípio de cada governo" (parte final do Livro 1, capítulo III, pág. 129). Há um recorte do real que é trazido para a norma. Não há relacionamento sintático apenas. Nem só o semântico de significações.

Para que tenhamos conhecimento de algo, temos de aceitar que o "conhecimento é sempre uma certa relação estratégica em que o homem se encontra situado" (FOUCAULT, *A verdade e as formas jurídicas*, ed. Nau, PUC/Rio, 2008, p. 25). Prossegue o autor:

> É essa relação estratégica que vai definir o efeito de conhecimento e por isso seria totalmente contraditório imaginar um conhecimento que não fosse em sua natureza obrigatoriamente parcial, oblíquo, perspectivo. O caráter perspectivo do conhecimento não deriva da natureza humana, mas sempre do caráter polêmico e estratégico do conhecimento. Pode-se falar do caráter perspectivo do conhecimento porque há batalha e porque o conhecimento é feito dessa batalha (ob. cit., p. 25).

Há, pois, necessariamente, um duelo para captação do objeto conhecido, porque vivemos e apreendemos de acordo com a ideologia que professamos.

2. Disputa pelo poder. O direito é o poder do mais forte? Hesíodo. Tucídides. Platão. La Fontaine. Pascal.

Sub-repticiamente, o que existe é uma disputa de poder. Em todos os campos. Começa na família, no namoro, na conquista do ser amado, na escola, nas ruas, no trabalho e no Estado. Em todas as manifestações e situações do ser humano há disputa pelo poder. O papel do estudioso é tornar visíveis tais manifestações. Diz Foucault que "o papel do intelectual consiste, já há algum tempo, em tornar visíveis os mecanismos de poder repressivos exercidos de maneira dissimulada" (FOUCAULT, 2011, p. 311).

É que o poder não mais pode ser visto apenas como a superioridade hierárquica de alguém sobre um, alguns ou todos.

A situação de poder existe entre dois, muitos ou todos. Depende das circunstâncias. Não mais se analisa apenas o aparato e os aparelhos do Estado. O poder é permanente. É constante e sempre conflituoso.

Foucault, em outro texto, afirma que as relações de poder não são apenas as exercidas pelo aparelho do Estado, mas também "que o pai de família exerce sobre sua mulher e suas crianças, o poder que o médico exerce, o poder que o notável exerce, e o poder que o patrão exerce em sua usina sobre os operários" (FOUCAULT – sem data –, p. 165).

O poder não se limita a punir e reprimir. Ele é insidioso. É maquiavélico. É tenebroso, retrátil e nada seletivo.

Hesíodo (*Os trabalhos e os dias*, ed. Iluminuras, 208 versos 207/212, pp. 35/37) relata o diálogo entre o gavião e a cotovia:

> Desafortunado, porque gritas. Tem a ti um bem mais forte; tu vais onde eu te levar, mesmo sendo um bom cantor; alimento, se quiser, de ti farei ou até te soltarei. Insensato quem com mais fortes queira medir-se, de vitória é privado e sofre, além das penas, vexame.

Tucídides (2001, pp. 346/354) relata o diálogo entre atenienses e mélios em que os primeiros afirmam que é melhor cederem ao pagamento de tributo que serem aniquilados. Os mélios indagam o que ganham com isso – escravidão ou morte?

Platão, na *República*, pela boca de Trasímaco, afirma: "O justo não é senão o vantajoso para o mais forte" (338 c). La Fontaine, em suas fábulas ("O lobo e o cordeiro", "O leão, a vaca, a cabra e a ovelha") bem retrata o direito do mais forte. Pascal em seus *Pensamentos* (n. 103) afirma: "Assim, não podendo fazer com que o justo seja forte, fez-se com que o que é forte fosse justo".

O domínio sempre existe. Hoje, por formas disfarçadas. Suasórias. Persuasivas. Sutis. Acobertadas por estratégias de sedução.

2.1. O primeiro gasto. Girard. No início dos tempos, tribos disputavam com tribos. Havia, então, a morte violenta e o ritual sacrificial. As sociedades não nascem de forma natural, como queriam Sócrates, Platão e Aristóteles, nem Santo Agostinho e Santo Tomás de Aquino, com a tese do fundamento teológico da instituição do Estado. Também não surge de um pacto (Hobbes, Locke, Rousseau e, mais recentemente, John Rawls). O "tratado social tem por fim a conservação dos contratantes" (ROUSSEAU, 2010, p. 156).

Ela decorre da dominação por força de não mais suportarem a vingança por morte. René Girard bem descreve tal situação em que o desejo de vingança é apaziguado e transferido para que outro o satisfaça. Surge o Judiciário que o titulariza. Em vez de impedi-la, "o sistema judiciário racionaliza a vingança, conseguindo dominá-la e limitá-la a seu bel prazer" GIRARD, 1998, p. 35).

A esse propósito fiz estudo sobre o Estado (OLIVEIRA, 2016) e também em relação ao gasto público (OLIVEIRA, 2012), nos quais busco esclarecer a origem da ordem jurídica, num primeiro instante e, depois, os motivos que levaram ao gasto originário.

O primeiro gasto, pois, decorre da repressão à violência, para que a sociedade possa desenvolver suas potencialidades.

Ocorre que nem sempre todos são tratados como iguais sob uma ordem jurídica.

3. Os desiguais e os diferentes. Rousseau. Piketty. Todorov. Foucault. Scaff.

A sociedade é formada pelos mais diferentes e desiguais indivíduos. Sempre desiguais. O poder quer mantê-los assim, para exercer seu domínio. Pode equilibrar um pouco os pratos da diferença, mas jamais extingui-la. Há no inconsciente o pensamento de que não somos iguais. As coisas são assim. Devem continuar assim.

Jean-Jacques Rousseau é notável. Inicia um de seus livros afirmando:

> Concebo na espécie humana duas espécies de desigualdade. Uma, que chamo de natural ou física, porque é estabelecida pela natureza e que consiste na diferença das idades, da saúde, das forças do corpo e das qualidades do espírito ou da alma. A outra, que pode ser chamada de desigualdade moral ou política, porque depende de uma espécie de convenção e que é estabelecida ou pelo menos autorizada pelo consentimento dos homens. Esta consiste nos diferentes privilégios de que gozam alguns em prejuízo dos outros, como ser mais ricos, mais honrados, mais poderosos do que os outros ou mesmo fazer se obedecer por ele. (ROUSSEAU, Ed. Escala – sem data –, p. 27)

Diz Thomas Piketty (2014, p. 9) que "a distribuição da riqueza é uma das questões mais vivas e polêmicas da atualidade". Isso recai sobre o problema da desigualdade que não se confunde com a pobreza. Desigualdade é problema de má distribuição das riquezas. Pobreza "deve ser vista como privação de capacidades básicas em vez de meramente como baixo nível de renda, que é o critério tradicional de identificação da pobreza" (SEN, 2002, p. 109).

Desigualdade é dado comparativo entre pessoas ou classes sociais. Observa-se a diferença do poder aquisitivo, os bens, a riqueza de um com a falta de recursos, de bens e a pobreza do outro. Ressalte-se: pobreza é apenas um dado individual e concreto. Pode haver um conjunto de pobres que se identificam como classe ou grupo. Tanto a riqueza quanto a pobreza desigualam.

A desigualdade se revela também quando encontramos pessoas diferentes, com sentimentos contraditórios aos nossos.

Já era assim no começo dos tempos. As tribos se agrediam porque havia sentimentos inconsistentes. O medo do outro. Do diferente. Tzvetan Todorov (2010) efetuou notável análise quando da chegada dos espanhóis na América e quando se depararam com os indígenas. Surpresa. Como tratar com eles? Ignorância e despreparo para lidar com o outro. Salienta que a relação com terceiro se dá em três eixos: a) plano axiológico, b) aproximação ou distanciamento e c) conhecer ou ignorar sua identidade (ob. cit., p. 269).

O outro é desconhecido. O diferente é ignorado e rejeitado no relacionamento. Diz Foucault ("Ditos e escritos", vol. I, 3. ed., 2011 p. 260): "Em todas as sociedades há pessoas que têm comportamentos diferentes dos das outras, escapando às regras comumente definidas nesses quatro domínios, em suma, o que chamamos de indivíduos marginais". Práticas como masturbação, homossexualidade e a ninfomania eram tratadas como loucura, porque fugiam à normalidade burguesa (FOUCAULT, ob. cit., p. 262).

O monstro político tanto é o criminoso como o déspota. Ambos desprezam e rejeitam o pacto (o conjunto de leis vigente).

"Um criminoso é aquele que rompe o pacto, que rompe o pacto de vez em quando, quando precisa ou tem vontade, quando seu interesse manda, quando num momento de violência ou de cegueira ele faz prevalecer a razão do seu interesse, a despeito do cálculo mais elementar da razão" (FOUCAULT, 2010, p. 80). O déspota é o que pratica o crime máximo de ruptura do pacto social (idem, ibidem, p. 80).

O homem continua assim: sem saber lidar com o outro, com o diferente. A sociedade se rege por parâmetros e por paradigmas de exclusão. Cria-se um campo (Bourdieu) em que podemos buscar nossos galardões. Não conheço o campo do outro. Excluo-o do meu âmbito de ação. Fica o *homo sacer* de Agamben.

Fernando Scaff pondera:

> Vê-se aqui o embrião de uma distinção que será enfatizada na contemporaneidade entre *diferença* e *desigualdade*, em que as *diferenças* fazem parte do *ethos* de cada indivíduo e devem ser *respeitadas*, sendo algumas pessoas baixas ou altas, negras ou brancas e por aí assim, e as *desigualdades* decorrem de fatores externos às pessoas, e devem buscar ser reduzidas, como, por exemplo, as que se referem à condição socioeconômica, quando determinante para sua inserção social. (SCAFF, 2018, p. 157). (grifos do original)

Acrescenta o autor:

> Quanto maior for a desigualdade entre as pessoas, menor será o nível de liberdade para cada qual. Não se pode comparar o direito de voto, por exemplo, de um proprietário de um grande meio de comunicação de massa e aquele que mendiga nas ruas. Embora cada qual tenha formalmente direito ao mesmo voto, o peso da influência real de *um* é infinitamente maior que o de *outro*. Ambos serão livres, por certo, mas as suas *liberdades* não serão

iguais. Não reconhecer isso será dar asas ao formalismo jurídico, inaceitável em uma sociedade que necessita de igualdade real, de *liberdades iguais* e concretas para todos (ob. cit., p. 180).

A desigualdade é tão flagrante que, na contemporaneidade, o *funk* é o encarregado de captar tal situação e retratá-la em versos. A "desigualdade social" de Gabriel o Pensador, e as letras de Mc Joga 7, de Junior e Leonardo, refletem o problema. Os Rebitantes fulminam: "O governo larga o pobre num lixo destrutivo" e "pela minoria o mundo é dominado, que vive do lucro, do povo explorado". E SP-Doug em música rotulada "Desigualdade social", afirma "vivenciei várias coisas, presenciei vários fatos: família pobre morrendo, sem ter comida no prato" e que "tem gente de muita grana, mas que olha só pra própria vida". Esta última letra é contundente e dura. Falta sensibilidade para ouvi-la.

Bob Marley bem salientou o problema em *War*. Reflete o discurso de Haylé Sallassié na Organização das Nações Unidas (ONU). Em trecho da letra diz: "até que não existam cidadãos de primeira e segunda classe de qualquer nação, até que a cor da pele de um homem seja menos significante do que a cor de seus olhos haverá guerra". É bastante significativa e emocionante a contundência com que analisa a situação mundial.

Especifiquemos melhor quem são os diferentes.

4. A vida nua. Loucos. Índios. Miseráveis. Mulheres e aborto. Drogados. Agamben.

Afirma Agamben (2002, p. 12) que o conceito de biopolítica em Foucault mostrou "o ingresso da *zoé* na esfera da polis, a politização da vida nua como tal constitui o evento decisivo da modernidade, que assinala uma transformação radical das categorias político-filosóficas do pensamento clássico".

A vida nua revela o estado de não proteção em que estão os abandonados pela álea da vida e pelo Estado. É o estado de ilegalidade de quem está submetido a viver em estado de exceção. É o preso em Guantânamo, mas é também o drogado da Cracolândia, em São Paulo, o miserável que mora e dorme nas ruas das grandes cidades e sobrevive graças ao sopão de pessoas caridosas, e os marginalizados de toda sorte: deficientes neurossomáticos, psicopatas, meliantes de toda sorte. Basicamente, os *miseráveis*.

Como diz René Girard (2014, p. 26): "A doença, a loucura, as deformações genéticas, as mutilações acidentais e até as enfermidades em geral tendem a polarizar os perseguidores. Para compreender que temos aí algo de universal, basta olhar ao redor de si ou mesmo dentro de si próprio. Ainda hoje muitas pessoas não podem reprimir, no primeiro contato, um ligeiro recuo diante da anormal idade física".

Surge uma série de desiguais e desprotegidos. Vejamos a situação de cada um.

Como o homem não sabe lidar com o diferente, durante séculos segregou os *loucos* de todo tipo, instituiu os hospitais psiquiátricos, criou masmorras e presídios afastados e, pior, formou os guetos. Pouco importa o motivo, se racial, psiquiátrico ou infracional, todos eram afastados. A imagem da *stultifera navis* que recolhia os insanos dá bem a ideia da segregação em que viviam.

O adequado está no meio. É o regrado. É o disciplinado. É o que se comporta pelos parâmetros traçados pela estrutura dominante. Os bonzinhos são acolhidos, desde que não incomodem. Os índios são vagabundos e devem ser excluídos. Podem ser eliminados (Bartolomé de Las Casas, bispo de Chiapas, bem descreveu a forma com que foram extirpados, mortos e assassinados, *apud* Todorov, ob. cit., p. 275).

Os *homossexuais*, dizem, são doentes e não merecem convivência com os "normais". Os *negros* servem para escravos e apenas são respeitados quando não nos confrontam. Os *criminosos* têm de ser excluídos de toda convivência social. Devem viver reclusos e sua recuperação não é importante desde que não nos incomodem.

Esse é o mundo dos *miseráveis* de toda espécie. Na Idade Média as feiticeiras eram afastadas do convívio social, sacrificadas e queimadas.

Assim, o direito formal não deve se importar com o direito existente, dizem. A forma, mera conexão de normas, é o que prevalece. O mundo real é irrelevante.

Assim trabalha o mundo normativo.

Não há concordância sobre *mulheres* que querem fazer *aborto*. Qual é o custo de um aborto para a rede pública? Qual é o tempo de um médico para realizá-lo? Quanto gasta o governo com a mulher que fez o aborto fora da rede pública e sofreu sequelas por tê-lo realizado em situações precárias, sem qualquer assistência médica? Isso não é direito financeiro? É pré-direito? É o que dizem.

Será que tais dados são relevantes para alocar recursos? Ou é algo aleatório e vamos estudar apenas o montante destinado para tal atividade?

O *miserável* que está nas ruas deve ou não ser amparado pelo Estado? Ele não tem sequer um cobertor para protegê-lo em dias de frio. Abandonado. Vive de sopão.

O pior estigmatizado de hoje é o *drogado*. Verdadeiro pária. Não está incluído na sociedade. Vive à sua margem. Na frustração da vida, busca a esperança de melhores dias e, como está abandonado pela família ou desesperado por qualquer acontecimento, a expectativa é drogar-se para sentir-se amparado. Procura na droga a fuga de suas angústias.

O traficante conhece tais circunstâncias. Sabe analisar o psicológico da vítima e oferece, num primeiro lance, a gratuidade do crack. No segundo instante, um preço palatável. Pronto, a isca produziu efeito. A dominação completou-se. O coitado está dominado. A partir daí é só vender-lhe pelo preço que quiser as pedras milagrosas. Daí em diante, a necessidade do corpo busca drogas mais fortes. A capitulação é total.

Mais um farrapo humano passa a existir. É o ciclo da vida. Fica à mercê do traficante.

Como tratar os desiguais e os abandonados? É o bem comum que deve ser buscado?

4.1. O negro. Buarque de Holanda. Gilberto Freyre. Joaquim Nabuco. Ainda guardamos a reminiscência da escravatura. Não só na cor de nossa sociedade, mas também nos hábitos e na indiferença para tratar negros e mulatos. São aceitos enquanto não se impõem como um concorrente na ascensão social. No início eram trazidos da África nos temíveis navios negreiros de que nos dá notícia Castro Alves em seu famoso poema.

Foram incorporados à sociedade da época, mas não como iguais, e sim como trabalhadores dos canaviais e outros afazeres rurais e domésticos. Salienta Sérgio Buarque de Holanda (1977, p. 17) que "a presença do negro representou sempre fator obrigatório no desenvolvimento dos latifúndios coloniais".

Gilberto Freyre (1933, p. 309) retratou a vida do negro no Brasil. Entendia-se que era ser inferior, mas "nada mais anticientífico que falar-se da inferioridade do negro africano em relação ao ameríndio sem discriminar-se antes que ameríndio; sem distinguir-se que negro". Em verdade, veio substituir o indígena nas plantações. Era mais forte e suportava o trabalho braçal incessante. Pretendia-se garantir a inferioridade do negro (ob. cit., p. 319). E garante: "o depoimento dos antropólogos revela-nos no negro traços de capacidade mental em nada inferior à das outras raças" (ob. cit., p. 320).

A negra escrava servia à luxúria dos brancos. Era negociada. Dada. Diz Gilberto Freyre: "que a negra corrompeu a vida sexual da sociedade brasileira, iniciando precocemente no amor físico os filhos-família" (ob. cit., p. 338). É que, como acrescenta o autor: "Não há escravidão sem depravação sexual. É da essência mesma do regime. Em primeiro lugar, o próprio interesse econômico favorece a depravação, criando nos proprietários de homens imoderados o desejo de possuir maior número possível de crias" (idem). Acrescenta: "Joaquim Nabuco colheu num manifesto escravocrata de fazendeiros as seguintes palavras, tão ricas de significação: 'a parte mais produtiva da propriedade escrava é o ventre gerador'" (idem).

Joaquim Nabuco foi o grande abolicionista. Assevera que desembarcados os "esqueletos vivos eram conduzidos para o eito das fazendas, para o meio dos cafezais. O tráfico tinha completado a sua obra, começava a da escravidão" (NABUCO, 2000, p. 64). Na mesma obra, explicita as razões do abolicionismo (ob. cit., p. 80).

Salienta o autor que "a escravidão é um estado violento de compressão da natureza humana no qual não pode deixar de haver, de vez em quando, uma forte explosão" (ob. cit., p. 18).

Não nos importa a análise do sincretismo religioso nem a gastronomia dos negros escravos. O que se busca ressaltar, para efeito deste trabalho, é a condição de inferioridade social a que o negro sempre foi relegado. Tornou-se marginal. Tanto é que, modernamente, se tem postulado uma série de procedimentos de penitência para recuperar o sacrifício que lhes foi imposto durante todo o período de escravatura. Não só isso. Posteriormente, tão logo libertado, o negro se viu sem opções. Acostumado a viver sem iniciativa própria, perdeu-se tão logo lhe foi garantida a liberdade.

Salientou Joaquim Nabuco que "a reconciliação de todas as classes; a moralização de todos os interesses; a garantia da liberdade dos contratos; a ordem nascendo da cooperação voluntária de todos os membros da sociedade brasileira: essa é a base necessária para reformas que alteiam o terreno político em que esta existiu até hoje" (ob. cit., p. 171).

O abrupto apanhou-o de surpresa. Embora tivéssemos a experiência dos quilombos, a ação foi esporádica e sem grandes repercussões. Isso não prejudicou que surgissem verdadeiros líderes na guerra contra a subalternidade. Palmares foi um grande exemplo e dali surgiram Ganga Zumba, Zumbi e Dandara. Domingos Jorge Velho, bandeirante, foi contratado especialmente para eliminar o reduto de resistência.

A liberdade trouxe o negro para o convívio igual, mas sem que tivesse qualquer qualificação. Analfabeto, não tinha a possibilidade de igualar-se ao branco na conquista de espaços sociais. Continuou um pária.

Hoje tomam-se iniciativas reparatórias dos crimes e desprezo a que foram relegados instituindo-se as denominadas *ações afirmativas*. A expressão surgiu nos Estados Unidos a propósito de promover a igualdade entre negros e brancos. Aqui surgiu como proposta de ações jurídicas para eliminar as desigualdades existentes entre as raças e propiciar oportunidades para maior integração do negro na sociedade.

Ainda existe discriminação e preconceito. Não há onde o negro seja colocado em papel subalterno. A negra é vista como propagadora de religiões africanas, como candomblé e umbanda, e se incorpora em mãe de santo. Tudo segregou a mulher negra no mercado informal, sobretudo no serviço doméstico, chegando-se ao que se conhece por feminização da pobreza. Excelente análise foi feita por Djamila Ribeiro (2019).

Ainda há preconceito. Vê-se quando da chegada de negro ou negra em restaurantes, bailes, universidades. Ainda causa resistência. Impõe-se terminar com isso.

5. Bem comum?

O equilíbrio da sociedade começa pelo atendimento às classes menos favorecidas. Diz-se, então, que o Estado deve promover o bem comum. Foucault afirma que há bem comum "quando todos os sujeitos obedecem sem esmorecimento a tais leis, exercem bem os cargos que lhes são dados, praticam bem os ofícios aos quais se dedicam, respeitam a ordem estabelecida à medida, ao menos, que essa ordem é conforme à lei que Deus impôs à natureza e aos homens" (FOUCAULT, 2011, p. 292). "O bem é a obediência à lei, portanto o bem que a soberania se propõe é que as pessoas lhe obedeçam" (idem, ibidem).

Afirma Aristóteles (1278) que o viver segundo o bem "é que o fim supremo seja em comum para todos os homens, seja para cada um separadamente". A finalidade é a população.

A visão, como se vê, é romântica. O bem comum é o que é imposto pelo soberano (modernamente se poderia dizer pelo grupo dominante). Rousseau (2010, p. 198) pondera: "Se existisse um povo de deus, ele se governaria democraticamente. Um governo tão perfeito não convém aos homens".

Deduz-se que o bem comum pode ser transmitido ao povo tal como o que ele quer. No entanto, as decisões são tomadas dentro dos gabinetes. Como disse Plauto em frase popularizada por Hobbes, *o homem é o lobo do homem*. Só que o lobo, como afirmou Derrida, apenas finge, mas somente o homem finge o fingimento.

Daí o que é imposto aos homens é o bem comum que o grupo governante quer. Pode ser procurado por meio da distribuição de recursos previstos no orçamento?

05.1. O orçamento dentro de tal óptica. O orçamento encontra-se, no Estado, na genealogia das ações de força. Escapa da noção de repressão. É mais sutil que isso. Os agentes do poder não impõem sua vontade. Discutem, dialogam, cedem, mas seduzem e sempre fazem prevalecer seus interesses. É que eles se habituam a trabalhar no concreto, deixando de lado o universal. Buscam atender a interesses específicos e logram captar a concordância da maioria.

É o que se rotula de intelectual específico. É o que logra o que pretende por meio de táticas eficazes que funcionam no interior de estratégias que asseguram a dominação.

Os que governam indexam suas ações dentro de um quadro de opções possíveis. Nada de pacto. O que decidem decorre de seus anseios pessoais. Dentro das táticas que escolhem chegam a determinadas soluções. Há um quadro normativo que é instituído para gerir a sociedade em certo período. Isso se altera de acordo com a vontade do grupo que, momentaneamente, detém o exercício do poder.

O governo opta por seus caminhos. Dentro das possibilidades abertas pelas decisões políticas, aponta o que pretende fazer. Eleitos os fins, decide os meios. A saber, traça o que pretende fazer (finalidades possíveis, tais como, cultura, educação, lazer, saúde, saneamento básico etc.) e, periodicamente, indica como atingirá tais fins. Realiza, então, a destinação de recursos.

O orçamento não significa outra coisa senão a deliberação financeira do governante para cumprir o que estabeleceu como suas metas. Mas prevalecem sempre as posições dos que detêm o poder do grupo. E essas posições são movidas pelas paixões.

6. As paixões nas escolhas orçamentárias. Lima Barreto.

Aí é que entra o que rótulo de paixões. Momentos de explicitação dos afetos que dominam o ser humano. Óbvio que o direito não é um punhado ordenado de normas. Muito pelo contrário. Inseridos nelas estão todos os sentimentos humanos. As normas não estão desapegadas do mundo das realidades. Ao contrário, a ele se destinam.

O homem é um ser pulsional. O agente político é um homem. Logo, o agente político é também um ser pulsional. O silogismo é perfeito. Sendo assim, ele carrega em si, não apenas o *id* freudiano, mas todos os afetos que afloram em seu comportamento. Os estudiosos já se debruçaram sobre os sentimentos humanos (Platão, Teofrasto, Descartes, Spinoza, Freud, Stuart Mill, Schopenhauer, Nietzsche, Sartre e tantos outros escreveram sobre as paixões humanas). São indissociáveis a paixão e o ser.

O ser humano toca o mundo a todo instante e é tocado por ele. Relaciona-se permanentemente com o mundo e é por ele tangenciado. Os animais se relacionam com o ser humano e vice-versa. Os seres humanos se relacionam entre si. O mundo é fluido. Os seres humanos são movidos por apetites, vontades e desejos. Naturalmente, o homem age em toda sua potência. Sozinho, tem seu comportamento íntimo. Realiza suas escolhas.

Quando o ser humano passa a exercer cargos públicos, sua vontade, teoricamente, deveria ficar adstrita ao cumprimento das normas a que deve obediência. Mas não é o que ocorre. Os mesmos sentimentos que o dominam individualmente tomam conta dele quando em público.

Parodiando Clausewitz, a política é forma nova de fazer a guerra. Os fatores são os mesmos a influenciar as decisões políticas e político-administrativas ou financeiras.

Dentro de tal quadro, as opções orçamentárias atendem não ao interesse da população, como se poderia esperar, mas ao interesse do grupo dominante. Assim, os relatores do orçamento atenderão às políticas do governo e não do Estado, muito menos da sociedade. As deliberações e destinações orçamentárias cuidarão de atender a interesses pessoais dos governantes. O governo central dita as balizas permitidas e dentro das restrições impostas é que o legislador realizará as opções permitidas.

Forçoso raciocinar com o orçamento de *Os Bruzundangas* (2010), de Lima Barreto, clássico da literatura brasileira em que se elevam o preço de todos os produtos básicos e se precisar os diminuem, deixe que morram os indivíduos mais pobres. Alguém afirma: "Vossa Excelência quer matar de fome o povo de Bruzundanga", ao que se responde: "Não há tal, mas mesmo que viessem a morrer muitos, seria até um benefício, visto que o preço da oferta é regulado pela procura e, desde que a procura diminua com a morte de muitos, o preço dos gêneros baixará fatalmente" (p. 34).

É a lógica do raciocínio falacioso. É o que se rotula de direito: "a garantia do exercício da possibilidade" tão bem descrito por Oswald de Andrade, no Manifesto antropofágico.

É imperioso que sejam alocados recursos para atender a uma situação específica, na construção de uma escola, de um posto de saúde, de hospital, de saneamento de determinada área. Isso servirá para alimentar o discurso político posteriormente, mas a maior destinação de verbas será para atender à política do governante e para permitir que ele ganhe eleitores e votos.

Como diz Foucault,

> não pode haver governo sem que os que governam indexem suas ações, suas opções, suas decisões a um conjunto de conhecimentos verdadeiros, de princípios racionalmente fundados ou de co-

nhecimentos exatos, os quais não decorrem simplesmente da sabedoria em geral do príncipe ou da razão pura e simples, mas de uma estrutura racional que é própria de um domínio de objetos possível e que é o Estado (FOUCAULT, 2014, p. 14).

Foucault complementa que, se assim procedem, é que "no fundo, eles têm algo a esconder" (ob. cit., p. 14).

Assevera o mesmo autor: "Façamos as máscaras caírem, descubramos as coisas como elas acontecem, tomemos cada um de nós consciência do que são a sociedade em que vivemos, os processos econômicos de que somos inconscientemente agentes e vítimas, tomemos consciência dos mecanismos da exploração e da dominação, e com isso o governo cai" (ob. cit., p. 15).

O orçamento é, pois, uma peça de escolha de opções financeiras por parte do governante. Só que elas atendem aos interesses dos governantes. Há o recôndito, o malandro, o desvão, o sub-reptício, o colocado na mão de gato, o abscôndito, o absconso. Quase nada é feito à luz do sol.

Imaginemos que se organize a peça orçamentária com todos os requintes de pureza e correção. Ao longo do exercício financeiro os recursos serão alterados (existem as subvenções, créditos suplementares e especiais, as atualizações (revisões) contratuais etc.) a fim de impor mudanças substanciais nos destinos de verbas.

A elaboração de plano plurianual é mero arremedo de instituição de uma política governamental de longo prazo. A lei de diretrizes orçamentárias é peça instituída para ser descumprida. Resta o orçamento anual que, como se vê, tem todos os instrumentos para ser adulterado.

O que resta? Um plexo de normas cujo destino pode ser malferido pelo governante. Vamos ver como.

7. O mundo do homo sacer. A literatura. Os miseráveis. Os presos. Os homossexuais. Genet. Os doentes. Guinzburg.

A sociedade continua desequilibrada. Não há interesse do governante em equilibrá-la. É assim no mundo inteiro, dependendo mais ou menos da politização e da cultura de cada país e de cada povo.

A palavra *peste* tinha o estigma de doença absoluta na Idade Média. Hoje, a repulsa recai sobre o anormal. O inglês fala em *handcapped*. É objeto de tratamentos discriminatórios. Fruto de espíritos primitivos. Há a marginalidade, no dizer de René Girard (2014, p. 27). Também os ricos e poderosos se contam entre estereótipos de perseguição. Maria Antonieta foi assassinada como símbolo da realeza.

Podemos dizer que há inúmeros livros que versam sobre a miséria, tais como Graciliano Ramos, *Vidas secas"*, Dostoievski, *Humilhados e ofendidos"*, Aluízio de Azevedo, *O cortiço*, Carolina de Jesus, *Quarto de despejo*; sobre presos, tais como Graciliano Ramos, *Memórias do cárcere*, e Dráuzio Varela, *Carandiru*; sobre pobreza Camus, *A peste*; e sobre aborto Eça de Queiroz, *O crime do padre amaro*; além de dificuldades da vida da criança, tal como Dickens, *David Copperfield* e *Oliver Twist*.

Os recursos sempre serviram para instituir obstáculos ao agigantamento da população e sua saída da marginalidade. Os miseráveis prosseguem em sua desdita e sua sina de ficarem na dependência da caridade alheia. Por vezes, sentimentos de solidariedade tomam conta do governante e, então, alguém ou alguns são atendidos. Superado o afloramento do bom sentimento, volta o miserável à sua situação. Victor Hugo bem o retratou em seu notável *Os miseráveis*, nos motins parisienses de 1832. Seu personagem Gavroche encarna a situação a que nos referimos.

Jean Genet dá bem ideia do que é ser marginal. Viveu na própria pele o ser marginal, o ser bandido, o ser rejeitado. Como disse Sartre (2002, p.30) "ao querer-se ladrão, até as últimas consequências, Genet mergulha num sonho; ao querer seu sonho até a loucura, faz-se poeta; ao querer a poesia até o triunfo final da palavra, torna-se um homem; e o homem tornou-se a verdade do poeta, do mesmo modo foi à verdade do ladrão".

No Ocidente as prisões espelham a reclusão dos religiosos. Estes sujeitavam-se ao alheamento do mundo para pagar penitência. Trancavam-se em celas onde purgavam seus pecados. O sistema de afastamento dos criminosos faz o mesmo. Cria celas e aparta os infratores dentro de penitenciárias. A moral cristã empresta o termo para pagamento dos crimes (pecados) cometidos (FOUCAULT, 2015, p. 83).

Carlo Ginzburg em *O queijo e os vermes* (2006) retrata a vida de um pobre moleiro que foi acusado de afirmar que o mundo tinha origem na putrefação e foi processado e queimado pela Inquisição. Dante cita "vermes nascidos para formar angélica borboleta" ("Purgatório", X, 124 / 125).

Prossegue o conflito da afirmação dos direitos dos homossexuais. A cultura homofóbica não consegue absorver o desigual. O *modus* machista de ser prevalece na sociedade. Originariamente, a mulher era afastada de qualquer participação na vida ativa. Vem da origem grega de que na *pólis* a mulher era excluída. No mundo romano acontecia a mesma coisa. O mundo público era do homem. A mulher era reservada para cuidar do lar.

Superada com dificuldade tal fase, restringidos foram os homossexuais. Há ainda sanções graves no mundo muçulmano e em países de políticas reacionárias, tais como Rússia e outros países da antiga União Soviética, em que imperam resistências.

A doença parece lepra. Outrora, os leprosários eram destinados à segregação completa. Os doentes mentais, os que padecem de deficiências físicas, que caminham com dificuldade, que têm dificuldade na fala, na visão ou em qualquer outra parte do corpo são estranhos e diferentes. Logo, não podem viver na comunhão irrestrita da sociedade.

As pessoas que vivem afastadas do mundo *normal* por serem diferentes devem ser protegidas e amparadas pelo Estado. Vejamos como isso ocorre.

8. O destino de recursos aos desprotegidos. Bobbio.

Em primeiro lugar, é essencial que mudemos a análise jurídica. O direito lida com as *weak permissions*. Suas normas não são efetivas se não forem efetivamente aplicadas. Bobbio (1992, p. 25) já disse que "o problema grave de nosso tempo, com relação aos direitos do homem, não era mais o de fundamentá-los, e sim o de protegê-los".

Apesar de dispormos de todo um arcabouço jurídico (Constituição e leis), os menos favorecidos continuam sem qualquer amparo.

Como se passam as coisas? Em primeiro lugar, ainda que deva ser obedecido o orçamento participativo, não há discussão com a sociedade. A elaboração orçamentária é, pois, autoritária. A seguir, envia-se o projeto ao Poder Legislativo. Este, igualmente, faz de conta que discute com a sociedade. No interior da Casa Parlamentar é que tudo se decide (por meio da Comissão Mista, no âmbito federal), sem que seja ouvida a sociedade civil.

As comissões parlamentares temáticas discutem apenas a alocação de recursos. Nunca se vê qualquer menção efetiva aos descamisados, aos abandonados, aos miseráveis, aos pobres, presos, índios, prostitutas, situações de aborto, homossexuais, adictos e demais dependentes químicos (álcool e nicotina), internos por qualquer tipo de demência, deficientes físicos ou mentais, crianças violentadas etc.

Não há menção a tal povo. Eles, simplesmente, não existem. Num passe de mágica, desaparecem.

Juntam-se os relatórios parciais e segmentados, e forma-se o todo orçamentário que é enviado para sanção do Poder Executivo. Entra em vigor o orçamento sem que discussões sobre tais pessoas (ainda estariam no conceito de coisas? *Res nullius*?).

Obviamente, há alocação de recursos para tais políticas públicas. E como são liberados? Depende da boa vontade de pessoas de altíssimo nível de solidariedade e comiseração para postular junto aos Ministérios a liberação de tais recursos.

A previsão das despesas é feita pelos sentimentos de quem estabelece e executa o orçamento. É o que basta?

9. O gasto público decorrente dos sentimentos. Machado de Assis.

É assim que ocorre a despesa pública dependente dos afetos que estimulam os agentes políticos e os atores sociais.

Cuidamos, acima, das paixões na deliberação orçamentária. Voltemos a elas na aplicação dos recursos alocados.

Machado de Assis, em delicioso conto, "O alienista", cria a figura de Simão Bacamarte, médico e cioso de seu ofício que começa a internar loucos de toda espécie inventado por ele, com o objetivo de curá-los. A partir daí põe na Casa Verde quase toda a população da pequena Itaguaí. A câmara do município, "entre outros pecados de que é arguida pelos cronistas tinha o de não fazer caso dos dementes" (capítulo 1, *O alienista*, Ed. Nova Aguiar, vol. 2, 2008, pp. 237/269).

Não apenas a deliberação da alocação das despesas passa por tal sensibilidade humana, mas também pela decisão de as efetuar. Num primeiro momento, como se viu, há a alocação de recursos na peça orçamentária. Posteriormente, há o momento de executar o gasto. Quase tudo depende da formação cultural e intelectual do ordenador da despesa. A previsão do destino da verba está garantida. Resta executá-la.

O agente político pode optar pela construção de edifícios públicos em que albergaria escolas, centros de saúde, hospitais, efetuaria saneamento básico, despenderia com esporte e cultura etc. Regiões distantes dos grandes centros poderiam ser beneficiadas, preferencialmente.

Pode acontecer, no entanto, que determinado bairro, carente, não deu ao governante os votos que ele aguardava. Surge rancor na sua alma. Convoca os assessores que lidam com as verbas públicas e lhes diz que aquela região não merece qualquer benefício, uma vez que não lhe deu votos.

As necessidades ficam desatendidas por mero egoísmo ou vingança do governante. A região que lhe deu votos será beneficiada.

É da lógica dos sentimentos. Isso está ligado ao direito financeiro.

10. Conexão do direito financeiro com os humilhados e ofendidos. Amartya Sen. A pobreza.

Recortei o direito orçamentário em seu tópico mais cruel. Os párias sociais são os que mais necessitam dos recursos públicos. O que ocorre com eles? São, literalmente, esquecidos por força das decisões políticas que se transformam em jurídicas e constam do orçamento.

Como diz Amartya Sen (2002, p. 29), o que mais alarma é ver o crescimento do Estado sem atentar para o que há de mais "nobre em seu interior, ou seja, o ser humano". Ademais, "muitas pessoas têm pouco acesso a serviços de saúde, saneamento básico ou água tratada, e passam a vida lutando contra morbidez desnecessária, com frequência sucumbindo à morte prematura" (idem, ibidem).

Sacramenta que "a pobreza deve ser vista como privação de capacidades básicas em vez de meramente como baixo nível de renda, que é o critério tradicional de identificação da pobreza" (ob. cit., p. 109).

Aí reside o problema orçamentário. Não nos importa estudá-lo apenas da perspectiva normativa. Também sob ela, mas conectada com a realidade social. Saber quem envia a proposta orçamentária, de sua tramitação interna na Comissão Mista (sem conhecer detalhes de como as verbas são alocadas), e daí obter o resultado normativo e analisá-lo com base nele, penso que é um equívoco.

É inadmissível dissociar uma análise sociológico-jurídica sobre o todo orçamentário. Sua estrutura, sua formação, o destino das verbas e sua aplicação. Tudo é relevante.

Se o objetivo do Estado é atender aos menos favorecidos (cf. RAWLS, 2002 sobre o princípio da diferença), há que alocar recursos para diminuir os desequilíbrios sociais. Grande problema é que os governantes, literalmente, não estão preocupados com isso. Buscam, por força de suas paixões, acertar seus problemas políticos e apenas destinar recursos na medida em que isso for importante para o seu partido e seus interesses pessoais.

Para que preocupar-se com os miseráveis? Só mesmo sentimentos de solidariedade humana podem mover os agentes políticos para que destinem recursos para tais problemas. Na maioria das vezes, destinam o mínimo necessário e assim evitar críticas.

Daí a compreensão de que o direito financeiro é um direito que busca equilibrar a sociedade. Tem como finalidade amparar os desvalidos, os diferentes, os humilhados e ofendidos.

Se a análise do direito financeiro, do orçamento, das despesas públicas, das discussões normativas não leva em conta tais situações existentes no mundo (o ser-aí de Heidegger), a compreensão dos problemas financeiros não estará completa. Faltará um calço. Faltará vida. Faltará tudo.

Para saber a quem cabe tomar providências em tal sentido, impõe-se o estudo de quem é o titular de tais interesses.

11. A titulação dos interesses.

No mundo de hoje a sociedade passou a ser, por uma série de circunstâncias, dependente dos governos. Outrora, inexistia o Estado como pessoa jurídica. Apenas dominadores e dominados no jogo bruto das conveniências e interesses. Na Antiguidade, reis e imperadores assumiam as rédeas da coletividade, impondo suas políticas. Na Idade Média nada mudou. Apenas rótulos. As alterações começam a surgir com o advento dos modernos Estados.

Sem prejuízo de não nos ocuparmos com a forma do surgimento dos Estados, o que aqui nos interessa é a afirmação simples de que surge o Estado como forma de titulação de interesses comuns. As pessoas chegaram a um ponto de exaustão de conflitos bárbaros e instituíram uma pessoa jurídica que cuidaria inicialmente da segurança e posteriormente de outras situações. Com a providência de evitar morte violenta, o Estado passa a ser o titular da vingança privada.

Com o tempo, o Estado passa a atuar em outros campos, provocado pela complexidade da vida moderna. Agiganta-se, então, na intervenção em diversos setores. Educação, saúde, infraestrutura urbana, segurança, tudo passa a ser matéria do Estado.

Evidente que o surgimento de outras necessidades obriga o Estado a desenvolver o que se rotula de políticas públicas. A saber, quais caminhos se devem perseguir para atender às inúmeras necessidades.

É certo que há uma dúvida crucial sobre os limites de intervenção do Estado (a esse propósito, escrevi o livro *Indagação sobre os limites da ação do Estado* (OLIVEIRA, 2016), no qual busco identificar até que ponto os indivíduos têm liberdade para agir e até que momento é aceitável a intervenção estatal.

A indagação é pertinente para que se delimitem as atribuições do Estado e se crie uma reserva de atuação do indivíduo. Há que respeitar os limites libertários do indivíduo e saber até onde cabe a intervenção do Estado.

Felicidade não é apenas um conceito filosófico, mas pode ser buscada com ações efetivas em prol do cidadão. Quando se entrega uma casa a uma família que por ela buscava, vê-se aumentada sua dimensão de cidadania. O obter um atendimento médico, ver canalizado um córrego infestado de moscas, baratas e ratos, ter a rua asfaltada, lograr vaga em creche, conseguir colocar o filho na escola são realizações que levam à consecução de legítimos desideratos pessoais.

Passemos à análise do que são as necessidades públicas e quem providencia o seu atendimento.

12. As necessidades públicas e sua distribuição entre os entes federativos.

Uma vez criado (não importando aqui a versão por que ele é instituído – pacto ou dominação), o Estado passa a titularizar uma série de intervenções junto à sociedade. Este é o outro lado da moeda. Como Juno, com duas faces cada qual olhando para um lado. Raramente os olhares convergem.

Sua atuação ocorre direta ou indiretamente. Na primeira hipótese, é o Estado que age, por seus próprios mecanismos, e funcionários, suportando despesas e decidindo políticas. Indiretamente, exerce suas atribuições por meio de entidades que ele cria. Trata-se do funcionamento da máquina pública. Ocorre que o complexo estatal é limitado e seus recursos (financeiros, de pessoal e de estrutura) finitos. Daí não prescindir da participação de terceiros (empresas existentes na sociedade) que passam a partilhar os interesses do Estado e a desempenhar atribuições que são definidas no ordenamento jurídico (surgem as concessões e as parcerias público-privadas).

As necessidades públicas são definidas na Constituição ou nas leis. Ora são atribuições do próprio Estado (atendimento dos interesses da sociedade) ora as que ele monopoliza. A Constituição Federal, ao dispor sobre as necessidades públicas, distribui seu atendimento pelos três entes federativos. À União reserva interesses nacionais (art. 21, em seus diversos itens, tais como educação, art. 215, saúde, art. 196 etc.). Aos municípios aponta atribuições locais, tal como prevê o art. 30, e aos Estados, a competência remanescente (parágrafo 1º do art. 25).

Os entes federativos devem, com base nisso, exercer suas atribuições específicas, dentro da regra de competência. Por isso é que se diz que competente não é quem quer, mas aquele que a norma designa.

Fecha-se, então, o ordenamento, em torno de fixação de competências. Ocorre que, para algumas das necessidades, as atribuições estão bem definidas (conceitos teoréticos), enquanto para outras, os valores albergados são de tal ordem importantes que apenas uma entidade federativa não pode deles cuidar e o texto constitucional prevê competência cumulativa (art. 23).

É o caso dos serviços de saúde. Dispõe o art. 23 ser devido a União, aos Estados-membros, ao Distrito Federal e aos municípios a competência para "cuidar da saúde e assistência pública, da proteção e garantia das pessoas portadoras de deficiência" (inciso 1).

A saúde é, pois, necessidade pública tida como primária, no linguajar preciso de Renato Alessi. A secundária não atende a um interesse essencial do Estado, mas propicia recursos para aquisição de bens e servidores para atender ao interesse primário. É o que se passa a ver pela análise de dispositivo constitucional.

Uma pergunta se impõe: o que seria vida líquida, na expressão de Zygmunt Bauman?

13. A vida líquida.

Para o autor polonês, a *vida líquida* "é uma vida precária, vivida em condições de incerteza constante" (BAUMAN, 2009, p. 8). Não há segurança nem garantias de que teremos emprego, atendimento médico, escola, creche etc. O ser humano permanece instável em sua vida. Não tem sequer a garantia do emprego em que está. Depende de qualquer alteração na China, nos Estados Unidos ou na Comunidade Europeia. Seu emprego pode desaparecer no dia seguinte.

As pessoas buscam, então, diante das incertezas da vida, da economia, da instabilidade das relações humanas, uma determinada comunidade. Pode ser uma associação, um sindicato, ou mesmo uma comunidade menor onde possa obter amparo e um mínimo de garantia. Mesmo tais agrupamentos são frágeis e vulneráveis. Dependem das estruturas políticas. Do cabo eleitoral. De relacionamento com pessoas importantes. De qualquer forma, são vínculos inconsequentes e não duradouros.

Criam-se, então, rótulos que podem ser úteis para demandas futuras. Hoje, os denominados direitos humanos não significam outra coisa senão "o direito a ter a diferença reconhecida e a continuar diferente sem temor a reprimendas ou punição"

(BAUMAN, 2001, p. 71). Somente a luta coletiva pode garanti-los, ainda que sejam meros rótulos. Mas, concretamente, significam o direito à diferença.

Daí pode originar-se o que se denomina sociedade justa, ou seja, "a eliminação dos impedimentos à distribuição equitativa das oportunidades uma a uma, à medida que se revelam e são trazidas à atenção pública graças à articulação, manifestação e esforço das sucessivas demandas por reconhecimento" (ob. cit., p. 73).

No caso da saúde, as palavras calham à perfeição. É que em primeiro lugar já há uma diferença em relação aos serviços de saúde: pobres e ricos. Em segundo, a discriminação das receitas que são destinadas a tais ações. Em terceiro, a proximidade de locais de risco, tais como córregos não drenados ou canalizados, incidência de serviços de prevenção contra doenças, serviços de prevenção do aparecimento de epidemias, proximidade de insetos e outros animais transmissores de moléstias.

Há sonora diferença entre as situações descritas e outras em que pessoas abastadas vivem em locais de total canalização, serviços de água e esgoto, prevenção de risco, hospitais de boa qualidade etc.

Exemplificativamente, a saúde é referencial nos serviços que devem ser prestados, o que não elimina outros de importância capital, tal como educação, saneamento básico, segurança etc. Todos propiciam felicidade.

14. A felicidade.

A busca da felicidade torna-se, assim, um ponto fundamental na vida das pessoas. Felicidade em seu sentido amplo, não apenas de alegria pelas coisas da vida, mas o bom tratamento médico, a segurança garantida, a escola de bom nível, a proteção dos filhos, o transporte facilitado e de boa qualidade etc.

O primeiro requisito é aceitar a vida como mortal. Não ocorre repudiar a condição de ser vivente. Apenas isso. Caber lembrar a proposta feita por Calipso a Ulisses, na *Odisseia*, quando aportou em sua ilha. A deusa lhe promete a eternidade, caso fique com ela. Ulisses recusa, porque deve chegar a Ítaca. Com tal comportamento, aceitou sua condição de mortal. Recusou a imortalidade e a juventude eterna, para seguir sua vida.

A primeira beleza é a própria vida. A seguir, a satisfação de necessidades básicas, como alimentação, saúde, família e moradia. Além desses dados exteriores, interiormente o indivíduo deve estar satisfeito consigo próprio, o que pode ser apurado pela conquista de suas metas. Aí ocorre o imponderável. Cada qual tem suas necessidades, seus desejos, suas paixões e, ao mesmo tempo, guarda suas frustrações. Como ele resolve isso consigo próprio é problema individual. Não há como ser analisado de forma coletiva.

Dentro de um quadro enorme de desejos e necessidades enquadra-se a busca pela boa prestação dos serviços e ações de saúde. E a garantia do pertencimento a uma sociedade que garanta a igualdade de oportunidades.

Analisemos mais de perto a área de saúde.

15. A saúde. Direito de todos e dever do Estado.

O art. 196 da Constituição Federal. Além de ser de competência comum dos entes federativos sua prestação, a prestação dos serviços de saúde constitui-se em dever do Estado.

A Constituição, ao utilizar o conceito de Estado, nele engloba todas as entidades federadas. É o Estado que é rotulado como "República Federativa do Brasil". É a pessoa jurídica de direito público que identifica o Brasil.

O dever vem previsto ao longo da Constituição e das leis e identifica uma posição jurídica, ou seja, uma atribuição que não ingressa em relações jurídicas e não se esgota pelo uso. Dever e poder são correlatos. Mantêm-se sobranceiros. Diferem do direito e da obrigação. Estes são relacionais e se exaurem quando exercidos. Esta é a preciosa classificação de Santi Romano em seus *Frammenti di un dizionario giuridico*.

Por isso a saúde é um direito de todos, o que consagra a prerrogativa que todos têm de serem atendidos pelo Poder Público, dentro de suas possibilidades, evidentemente, mas, por ser um direito primário, pode e deve ser exercido não apenas na via administrativa como também mediante ingresso junto ao Poder Judiciário.

O direito deve ser exercido em face do Estado (aqui englobando todos os entes federativos). Do outro lado está a segunda face de Juno, ou seja, a obrigação de atender especificamente aquele indivíduo.

Assume, de outro lado, um dever, ou seja, atendido determinado indivíduo que exerceu seu direito e, ainda que o Estado tenha satisfeito sua obrigação, o dever prossegue, não apenas em relação àquele indivíduo, mas também genericamente a toda coletividade (sociedade) porque se trata de dever de destinatário anônimo.

A garantia do atendimento de serviços de saúde se faz mediante políticas sociais e econômicas. A especificação destas será feita no item seguinte.

Como disse Bobbio "O problema grave de nosso tempo, com relação aos direitos do homem, não era mais o de fundamentá-los, e sim o de protegê-los" (BOBBIO, 1992, p. 25).

Como isso se opera? Vejamos.

15.1. As políticas públicas sociais e econômicas na área da saúde. Habermas. As políticas públicas sociais e econômicas na área de saúde. A previsão constitucional está no art. 196. Como diz Jürgen Habermas:

> O Estado é necessário como poder de organização, de sanção e de execução, porque os direitos têm que ser implantados, porque a comunidade de direito necessita de uma jurisdição organizada e de uma força para estabilizar a identidade, e porque a formação da vontade política cria programas que têm que ser implementados. (HABERMAS, 2010, p. 171)

E complementa: "O poder político só pode desenvolver-se através de um código jurídico institucionalizado na forma de direitos fundamentais" (idem, ibidem).

Os direitos estão consagrados em normas jurídicas constitucionais e legais. É, pois, dever do Estado atender às determinações normativas. Por política social entende-se o dever do Estado de propiciar aos indivíduos, às coletividades e à sociedade em geral mecanismos para atender a suas necessidades. Coletivamente, pode-se falar em segurança, em infraestrutura urbana, em vias de circulação, em estradas não apenas para o lazer ou movimentação, mas também para destinação das safras etc. Individualmente, cada ser humano tem seus problemas pessoais. Quando e enquanto tem condições de resolvê-los direta e pessoalmente, deve fazê-lo.

Ocorre que a sociedade é desigual. No exato dizer de Rousseau há duas espécies de desigualdade. Uma é estabelecida pela natureza e que consiste na diferença das idades, da saúde, das forças do corpo e das qualidades do espírito ou da alma. Outra, chamada de desigualdade política depende de convenção e que é estabelecida pelo consentimento dos homens. (ROUSSEAU, ed. Escala, sem data, p.27).

A sociedade é desigual, repita-se. Assim, as necessidades individuais pelos serviços sociais que deve o Estado prestar resolvem-se em políticas sociais. Estas atendem à coletividade como um todo. Buscam amenizar os males causados pelas diferenças individuais (que Rousseau chamou de natural) ou de diferenças outras (que chama de moral).

As políticas públicas buscam reduzir as desigualdades naturais e morais.

O exercício da política é uma forma de ação. É interferir na pólis. É envolver-se na estrutura do Estado e idealizar e executar ações que melhorem a vida das pessoas. Estas vivem na cidade, elegem seus governantes e têm a esperança de que alguma coisa eles farão para resolver problemas do convívio em coletividade.

A política de saúde busca reduzir as diferenças existentes na sociedade entre os diversos indivíduos. Alguns, bem aquinhoados pela natureza ou pela riqueza, têm condições de realizar o atendimento a problemas de saúde em hospitais, centros de saúde e clínicas particulares, pagando planos de saúde. A maioria da sociedade, no entanto, não dispõe de recursos para ter suas deficiências ou meros problemas físicos atendidos por planos particulares. Logo, dependem dos serviços públicos. Estes devem ser estruturados de modo a propiciar felicidade aos indivíduos. A felicidade se reflete por propiciar conforto a cada um. Pode consistir na mera diminuição da dor ou em sua eliminação.

Como já me referi, "se a felicidade é sentida de forma individual, se a finalidade é ínsita no ser humano, se ela se retrata em cada um, apenas ouvindo a sociedade em sua inteireza é que se poderão definir as políticas públicas" (OLIVEIRA, 2012, p. 27).

Por outro lado, nada se faz sem política econômica para abastecer os cofres dos hospitais, creches, centros de saúde, unidades básicas etc., para que a estrutura seja adequada e suficiente para propiciar a redução dos incômodos, das dores e dos desconfortos que atingem o indivíduo em seu corpo ou em sua mente.

A disponibilidade de recursos é absolutamente imprescindível para que o Estado estruture sua rede de atendimento público de serviços de saúde. Modernas construções, limpeza interna, higiene, profissionais preparados, instalações confortáveis, transporte adequado em caso de remoção, remédios suficientes, modernos aparelhos, tudo faz parte de uma parafernália de instrumentos que busca propiciar à coletividade e individualmente o máximo de conforto e celeridade no atendimento das moléstias que afligem o povo brasileiro.

Em sua forma preventiva, da mesma maneira, deve o Estado manter número de pessoal suficiente, viaturas, remédios etc. para evitar ou impedir que sobrevenha qualquer doença, seja em forma individual, seja por transmissão coletiva. A redução do risco é dever do Estado.

Instaura-se, pois, o complexo da necessidade. De um lado o interesse que deve ser atendido e, de outro, a necessidade de recursos para atender à prestação da atividade imposta como dever.

A busca das atividades, então, torna-se universal e igualitária, ou seja, os serviços públicos de saúde devem atender a todos que dele necessitarem e deve tratar todos de forma igual.

Esse é o conteúdo jurídico do art. 196 da Constituição Federal. O importante, então, é buscar as normas complementares que propiciarão os recursos necessários ao Estado para a prestação das atividades e serviços de saúde e também os definir em termos que permitam o imperioso desenvolvimento deles.

15.2. Acesso universal. Acesso universal significa que ninguém pode ficar fora dos serviços de saúde propiciados pela estrutura governamental. Ninguém, sem distinção de raça, sexo e idade poderá ser excluído do sistema gerador das políticas públicas de saúde.

Evidente está que se busca atender àquele que não tem condições de pagar por um plano particular de saúde. Não é necessariamente o desvalido, o farrapo humano, o pária, mas aquele que não tem condições de pagar um plano particular. Como ensina Amartya Sen (2002, p. 29), "muitas pessoas têm pouco acesso a serviços de saúde, saneamento básico ou água tratada, e passam a via lutando contra uma morbidez desnecessária, com frequência sucumbindo à morte prematura".

É que a falta do acesso universal significa a castração da cidadania. Aquele que não tem acesso a certos serviços públicos sente a sociedade desequilibrada. O Estado é o pêndulo que equilibra a sociedade. Daí a conclusão de Amartya Sen de que "a pobreza deve ser vista como privação de capacidades básicas em vez de meramente como baixo nível de renda, que é critério tradicional de identificação da pobreza" (ob. cit., p. 109).

Vê-se que o afastamento dos bens da vida significa desequilíbrio social. Daí a importância de que o serviço de saúde propicie acesso universal. Num país em que a camada mais pobre da população convive com baixa infraestrutura urbana, com poluição, com insetos transmissores de moléstias, contato com portadores de doenças transmissíveis, é evidente que é essencial o acesso universal aos serviços de saúde.

15.3. Tratamento igualitário. Foucault. Gratuidade. Tratamento igualitário é também imprescindível, não apenas como programa de ação, mas como de efetividade de sua ocorrência, para que não haja protecionismo, discriminação racial ou étnica. A Constituição Federal deixa bastante claro que todos são iguais perante a lei (art. 52) "sem distinção de qualquer natureza".

Aqui, a lei busca equiparar o que a natureza desequilibrou, como disse Rousseau.

A gratuidade é outro aspecto essencial da previsão de determinados serviços públicos. É o Estado benfeitor, o Estado protetor. Em sociedade como a brasileira, repleta de desequilíbrios, como cuidou Gilberto Freyre, é importante que o Estado reponha os níveis dos pratos sociais em igualdade.

Desnecessário grande esforço para demonstrar as fortes disparidades existentes em nossa sociedade. Há um grupo pequeno de ricos (milionários), uma classe média sobrevivente e uma massa enorme de necessitados. Ainda que se possa dizer alguma coisa sobre a inclusão de parte da classe desfavorecida entre aqueles que podem buscar e obter os bens da vida, a maioria ainda encontra dificuldades de usufruir dos serviços públicos do Estado.

Assim o Estado tem de exercitar seu poder para intervir na sociedade. Antigamente o poder era utilizado para a morte. O domínio, as guerras, os conflitos permanentes para a conquista do poder sustentavam de que havia um direito de fazer morrer. Era quase um direito de matar para subsistir. Mas, como afirma Foucault (2005, p. 296),

> o poder é cada vez menos o direito de fazer morrer e cada vez mais o direito de intervir para fazer viver, e na maneira de viver, e no "como" da vida, sobretudo nesse nível para aumentar a vida, para controlar seus acidentes, suas eventualidades, suas deficiências, daí por diante a morte, como termo da vida, é evidentemente, o termo, o limite, a extremidade do poder.

Como bem diz Hanna Arendt (2009, p. 169), "a tarefa, a finalidade última, da política é salvaguardar a vida em seu sentido mais amplo".

Vê-se, pois, que a norma inserida no inciso I do art. 2Q da lei em exame outra coisa não faz senão retratar a essência da política na modernidade, ou seja, proteger a vida em todo seu sentido.

15.4. Discriminação das despesas. A discriminação do que são "despesas" com ações e serviços públicos de saúde ou não. O art. 3Q da lei em comento traça uma série de ações para identificar o que sejam ou não os serviços de saúde e onde devam ser alocados recursos e se possam efetuar as despesas.

É de conhecimento empírico que os serviços devam atender a uma série de requisitos. Identificar o que seja necessário para os serviços de saúde, isto é, construções, aquisição de aparelhos, preparação de pessoal, vigilância sobre os gastos, atendimento a situações de emergência, desenvolvimento científico, saneamento básico em residências, inclusive em comunidades específicas, remuneração condigna do pessoal, tudo identifica o que deva ser objeto de atuação administrativa.

De outro lado, a lei (art. 4Q) aponta o que não é considerado para que possa haver alocação de recursos previstos na lei em tela. Pagamento de pessoal inativo (próprio de outra atribuição do INSS) ou de pessoal afastado da área (sem identificar o desvio de função), merenda escolar, saneamento básico (que deve ser atendido com recursos adequados em outro item orçamentário), limpeza pública (vale o mesmo argumento anterior), preservação do meio ambiente, ações de assistência social, obras de infraestrutura.

Há clara distinção entre as despesas públicas.

Tais itens se resolvem quando da edição da lei orçamentária anual. Nela é que são discriminadas as despesas que se referem aos serviços específicos de saúde ou não. O legislador, no entanto, foi prudente, ou seja, preferiu discriminar logo o que é serviço que deva ser atendido pelas verbas discriminadas na lei complementar em comento e o que não deve ser carreado a ela.

Evita-se que haja deturpação dos recursos que podem esvaziar o objetivo específico da lei.

15.5. Recursos mínimos. Orçamento e dominação.

O art. 5º estabelece o mínimo que deverá ser aplicado pela União, ou seja, "o montante correspondente ao valor empenhado no exercício financeiro anterior, apurado nos termos da lei complementar, acrescido de, no mínimo percentual correspondente à variação nominal do Produto Interno Bruto (PIB) ocorrida no ano anterior ao da lei orçamentária anual".

Cabem, aqui, algumas palavras sobre o orçamento e a dominação dos grupos parlamentares na aprovação das emendas e da alocação de recursos.

Em primeiro lugar, o orçamento é de iniciativa exclusiva do Presidente da República. Mas cede hoje a um caráter evidentemente humanista de superação das condições formais de sua existência. O que era uma peça meramente administrativa ou contábil de distribuição de receitas e previsão de despesas passa a ser instrumento fundamental na distribuição de justiça efetiva.

O que é justiça efetiva? O justo não se define, mas decorre de um sentimento prevalente na sociedade de que as coisas não podem se passar de determinada maneira. Se alguém (autoridade policial ou não) agride outrem em um grupo (cinco pessoas) e nele batem com socos e pontapés e este se mostra absolutamente indefeso, há um sentimento de repulsa sobre tal conduta.

Ganha o justo esse aspecto subjetivo de forma a ser perquirido naquela sociedade e naquele instante. O conjunto das normas vigentes, como vive a população reprimida ou atendida pelo Poder Público, como ela se sente, é isso que dá o sentido do justo. O problema do justo decorre dos valores imperantes ou recebidos pela comunidade em determinado momento histórico. Não se trata de ter ideais, mas de detectar na sociedade aquele sentimento de adequação dos comportamentos aos resultados buscados.

Deixa o orçamento, então, de ser analisado pela ótica meramente formal. Há uma essência. Esta é a destinação adequada dos recursos aos objetivos maiores que devem ser atingidos.

À iniciativa do presidente da República de propor ou encaminhar o projeto de lei orçamentária segue-se um procedimento exaustivo no interior do Parlamento que é o de adequar a proposta às realidades sociais.

Normalmente, o que ocorre é que o Congresso é dominado por uma maioria parlamentar que busca dar sustentação ao governo para se beneficiar da liberação de recursos de seu interesse individual ou do partido a que pertença. São maiorias ocasionais e, pois, ocasionalmente mudam as soluções.

Não podemos nos esquecer do que rotulei de *princípio da capacidade receptiva*, ou seja, "é justo e jurídico que quem, em termos econômicos, tem muito pague, proporcionalmente, mais imposto do que quem tem pouco. Quem tem maior riqueza deve, em termos proporcionais, pagar mais imposto do que quem tem menor riqueza. Em outras palavras, deve contribuir mais para manutenção da coisa pública" (OLIVEIRA, 2019, p. 439, item 15.10.8).

Em seguida, afirmei que

> os recursos devem ser distribuídos de acordo com a menor capa-

> cidade contributiva do indivíduo. Aqueles que têm menos devem ser aquinhoados pelo Estado com maior aplicação de recursos, exatamente para que se possa atender aos princípios republicanos inseridos no art. 1º da CF, dentre eles o da dignidade da pessoa humana, e aos objetivos fundamentais da República Federativa do Brasil, nos exatos termos do art. 3º. (idem, ibidem)

Ao se falar, pois, em recursos mínimos, estes devem corresponder ao montante mínimo para dar garantias efetivas de atendimento à saúde. O mínimo é a garantia de que a diferença será atendida em termos de direitos fundamentais. Dissemos, com base em Bauman, que os direitos humanos significam o respeito à diferença em que cada um se encontra na sociedade. Os serviços de saúde são prestados àqueles que estão no avesso do direito, isto é, aos desamparados. Estes são os destinatários das normas que preveem os recursos mínimos.

É possível que o Congresso faça o reexame e deve fazê-lo a cada cinco anos dos montantes transferidos para o sistema de saúde. Mas como fazê-lo se está sob dominação do Executivo e a este cabe encaminhar o projeto de lei?

É fácil a solução. O Congresso Nacional, embora possa apresentar, ao longo da história, cenas e episódios de independência, normalmente está subjugado e dominado pelo Executivo. O que deveria ser uma relação de independência e autonomia, revela-se uma relação de sujeição. Logo, a proposta que é encaminhada é aprovada ou se houver qualquer alteração é porque houve um diálogo com o Executivo e este, movido por sentimentos altruístas ou políticos concordou com a alteração proposta pelo Parlamento.

O relacionamento entre os órgãos de exercício de poder é de estrita dominação.

Saindo da área da saúde, impõe-se dar maior amplitude à pesquisa, para cuidarmos dos diversos trabalhos no ângulo das perspectivas públicas.

16. A pobreza como problema jurídico.

O direito não costuma tratar temas fora dos conceitos normativos. Entendem todos que a pobreza, por exemplo, não é matéria jurídica. O assunto desbordaria para o nível sociológico, ficando fora da incidência de regras jurídicas.

Ora, o art. 6º da Constituição Federal estabelece como direito social a "assistência aos desamparados". O art. 1º do mesmo diploma dispõe que a dignidade da pessoa humana é um dos fundamentos da República Federativa do Brasil e o art. 39 tem a erradicação da pobreza como um dos objetivos fundamentais do mesmo Estado.

Como se isso não bastasse, o mesmo artigo 3º considera um dos objetivos fundamentais construir uma sociedade justa e solidária que busca "reduzir as desigualdades sociais".

O art. 23 da Lei Maior estabelece que é competência comum dos três entes federativos "combater as causas da pobreza e os fatores de marginalização, promovendo a integração social dos setores desfavorecidos".

Para cumprir tais disposições constitucionais foi que se criou o Fundo de Combate e Erradicação da Pobreza, por meio dos arts. 79 a 83 do Ato das Disposições Constitucionais Transitórias. Originariamente destinado a viger até 2010 foi prorrogado pela Emenda Constitucional n. 67/2010 por tempo indeterminado.

Vê-se, pelos dispositivos invocados (além dos incisos LXXIV do art. 52 que cuida de assistência jurídica e do inciso LXXVI do mesmo artigo que trata da gratuidade de atos registrários, do art. 134 que cuida da Defensoria Pública para defesa dos necessitados e também do art. 203 que trata da assistência social a quem dela necessitar) que o Estado moderno opta por reequilibrar a sociedade, por meio de políticas retributivas.

O assunto é estritamente jurídico e como tal deve ser tratado.

Desnecessária uma definição de pobreza. Ela é real. Seu contrário é a riqueza. O ordenamento normativo não busca amparar a riqueza, mas contém inúmeros preceitos para assistir à pobreza.

A pobreza criada pelos homens irá necessitar, a partir da instituição do Estado, de ações positivas que busquem atenuar, compensar ou extinguir o fosso social que se abre entre ricos e pobres. Indaga-se: podem-se classificar tipos de pobreza?

16.1 Espécies: individual, coletiva e social. Podemos visualizar alguns tipos de pobreza: a) a individual; b) a coletiva; e c) a social. Todas merecem a atuação do Estado.

16.1.1. Pobreza individual. A pobreza individual deixa claro que deve se caracterizar como involuntária. Contudo, há determinadas pessoas que voluntariamente optam por viver na pobreza, seja por votos religiosos prestados ou por convicção pessoal de desprendimento. Com tal tipo de pobreza não se envolve o Estado, porque integra as diversas opções que o indivíduo faz em sua vida. Respeitada deve ser sua privacidade e sua liberdade. A escolha de um caminho de humildade, de renúncia aos bens da vida, de desapego a bens materiais, não pode sofrer intervenção do Estado. Exige-se dele uma omissão. Estará cumprindo sua missão constitucional não intervindo na intimidade da pessoa. Mas tais casos constituem exceção.

O cuidado do Estado começa com a pobreza involuntária individual. Esta exige providências do Estado. De duas uma: ou o indivíduo provoca a atuação estatal ou esta, espontaneamente, vai até ele. Se uma pessoa está abandonada nas ruas da cidade tem o Estado o dever de recolhê-la, alimentá-la e dar-lhe abrigo. Se o indivíduo busca órgão municipal, estadual ou federal, este tem de atendê-lo.

No caso de não ser atendido busca a gratuidade da Defensoria Pública para obrigar, por meio do Judiciário, a ação. Para Aristóteles (2012, p. 149) "potência significa o princípio do movimento ou da mudança existente em alguma coisa distinta da coisa mudada, ou nela enquanto outra". O filósofo valeu-se dos ensinamentos anteriores de Heráclito e Parmênides. O primeiro dizia que tudo se movimenta; o segundo que nada se movimenta. O

> ato significa a presença da coisa, não no sentido em que entendemos potência. Dizemos que uma coisa está presente potencialmente como Hermes está presente na madeira ou a semilinha no todo, porque são indissociáveis, e até o homem que não está estudando chamamos de estudioso desde que seja capaz de estudar" (ob. cit., p. 236)

O exemplo didático é representado pela semente e pela árvore. O ato é representado pela semente (coisa já existente); a potência é a possibilidade de a semente virar árvore.

O Estado, por meio de seus inúmeros órgãos de atuação, é mera potência enquanto não acionado ou enquanto não entra em ação. Ao se movimentarem viram atos vivos de transformação da realidade.

O indivíduo é inerte e inerme. Mero ato. Ao se movimentar e buscar a ação (potência) do Estado, também vira potência.

Pode-se estabelecer diferença entre indigência e pobreza? Zanobini (1952, p. 334) afirma que a indigência é uma situação permanente mais grave; a pobreza é ocasional e superável. Podemos dizer que a indigência é mais duradoura. Tal afirmação não estabelece critério ponderável nem aceitável de distinção. Ambas são situações conflitivas dentro da sociedade. Ambas envolvem e necessitam da atuação ou da sociedade ou do Estado.

A exceção vem mencionada com notável alusão à figura do muçulmano no campo de concentração, tão bem retratado por Giorgio Agamben em *O que resta de Auschwitz* (2010, cap. 2). O abandono individual significa a perda completa da dignidade. É a negação da vida. Somente o amparo do Estado pode recuperar a dignidade e também a vida.

16.1.2. Pobreza coletiva. O mesmo ocorre quando se cuida da pobreza coletiva: favelas, cortiços, invasões múltiplas de área, "cracolândias" etc. Agrupamentos abandonados que nascem ao arrepio das ações governamentais e contra estas e se impõem na sociedade.

Aqui o problema já não é cuidar de um indivíduo apenas, mas de um aglomerado que tem o mesmo problema. Subalimentação, falta de atendimento médico, doenças, promiscuidade, perda do sentido do social, tudo caracteriza a pobreza coletiva.

O grupo sente-se em *apartheid*, fora da incidência do regramento jurídico. Aqui não é apenas o indivíduo, mas uma coletividade mais ou menos grande. De qualquer forma carente. Acha-se fora do alcance dos mecanismos do Estado. Não há trabalho, água potável, saneamento básico, transporte, assistência médica. Nada. Abandono completo.

16.1.3. Pobreza social. Por fim, na identificação feita, há a pobreza da sociedade. Não mais indivíduos ou grupos, mas a maioria ou grande parte da sociedade está alijada dos bens da vida. Daí a importância de uma política social no exato dizer de Foucault (2008, p. 194) quando escreve que é "uma política que se estabelece como objetivo de uma relativa repartição do acesso de cada um aos bens de consumo". Socializa-se o consumo. O governo tem de intervir "nessa sociedade para que os mecanismos concorrenciais, a cada instante e em cada ponto da espessura social, possam exercer o papel de reguladores – e é nisso que a sua intervenção vai possibilitar o que é o seu objetivo: a constituição de um regulador de mercado geral da sociedade" (ob. cit., p. 199).

O que está em jogo aqui é uma política pública do Estado em face de toda uma sociedade. Já não mais a solução pontual de uma situação dada nem a de atendimento a um grupamento, mas a toda a sociedade que está desequilibrada. É o que se pode rotular de pobreza difusa. Está permeada no seio da coletividade como um todo.

Pode-se dizer que a sociedade está em situação de vulnerabilidade, na hipótese em que há muita desigualdade econômica. Amartya Zen em seu *Desenvolvimento com liberdade* assinala bem a regra moral aplicável a todos e que a ninguém é dado fugir.

Vistos os três tipos de pobreza, passemos à análise de como deve o Estado agir e o que pode fazer para diminuir os níveis de tensão existentes na sociedade e fazer com que se reduzam os conflitos.

17. Capacidade contributiva tributária e receptiva financeira. Mattarella. Políticas públicas e destinatários.

Um primeiro ponto é o sistema de arrecadação. Este deve levar em conta o que os juristas chamam de capacidade contributiva. É essencial na compreensão do problema. De forma positiva, significa que cada indivíduo que tenha recursos e os aufira no seio da sociedade em que vive tem uma obrigação moral de contribuir para que as desigualdades diminuam.

Há sérios problemas éticos envolvidos. Até que ponto se pode obrigar alguém a contribuir para ajudar terceiros? Há, no interior da sociedade, tal obrigação a exigir uma conduta ética nesse sentido? Ora, o Estado não é integrado apenas por ricos com exclusão dos pobres ou dos pobres com exclusão dos ricos. Todos estão integrados em uma determinada sociedade. Todos, nesse sentido, são responsáveis por ela. Todos contribuem para a riqueza total do país. Quem pode mais, paga mais; quem pode menos, contribui com menos. Mas, pode-se questionar, essa regra é compatível com a disciplina da sociedade?

Temos que é dever ético de todos que convivem não serem obrigados a sustentar os mais pobres, mas devem colaborar para que a sociedade os ampare. É que todos usufruem, indistintamente, dos benefícios públicos. Boas estradas, bons divertimentos, bons sistemas de saúde, de educação etc. beneficiam todos. Moléstias transmissíveis atingem todos, sem indagar se são ricos ou pobres. Outros males como a dengue, por exemplo, são democráticos. Logo, o viver em comunidade pressupõe responsabilidades divididas.

Assentada tal premissa, é dever de todos o pagamento de tributos. Pode-se dizer até que é dever bíblico. Ora, viver em determinado município, Estado-membro ou país significa que a pessoa a eles se acha integrado. Logo, todos devem pagar de acordo com sua capacidade e quando da ocorrência das hipóteses de incidência.

Deve haver uma relação entre o que se arrecada e o Produto Interno Bruto (PIB). Exaurir as forças produtivas da sociedade não é o caminho. O capital busca mais capital e mais lucro. Não vê o problema social. Nem quer saber dele. Quer que o Estado não atrapalhe a empresa. De outro lado, a população afastada do emprego não quer incomodar o capital, mas dele precisa. Nasce relação altamente tensional. Invasões de terra, ocupação de imóveis particulares e públicos, passeatas, confusões, incêndios de pneus em vias públicas, depredação de empresas etc. Atos de vandalismo que buscam conforto e apoio no descompasso dos níveis sociais de compreensão.

O dono do capital não quer a convivência com tal estado de coisas. Tem que proteger seu capital, sua empresa e sua família.

Logo, tem obrigação moral de contribuir mais fartamente para o bolo da receita.

As receitas, como disse, não podem tirar do dono do capital todo seu potencial. Ao contrário, devem existir estímulos quando os empresários tiverem dificuldade, por força do relacionamento internacional ou mesmo em face de dificuldades climáticas, cambiais etc. Tem, também, de existir relação entre o PIB e a capacidade contributiva do todo da sociedade.

Como disse Bernardo Giorgio Mattarella (2012, p. 368), a pobreza é um problema não só para quem é vítima, mas para toda a sociedade, e não só em termos morais ou estéticos, mas também em termos de natureza material.[1]

Se o problema é de toda a sociedade e o capital deve participar de sua solução, todos devem estar englobados na luta pela diminuição das desigualdades.

Daí a atuação potencial do Estado.

Primeiramente, deve atuar de forma a evitar que as desigualdades se aprofundem. No combate ao tráfico e consumo de drogas, é importante estabelecer política integrada dos entes federativos. A prevenção (combate do tráfico nas fronteiras, por exemplo) é essencial. Depois, busca a cura e a repressão. Mas, anteriormente, é fundamental que medidas preventivas possam diminuir ou impedir a entrada de drogas no Brasil.

O consumo de drogas, por exemplo, é democrático. Atinge com mais força os ricos que têm poder de adquirir qualquer tipo de estupefacientes. Os demais cingem-se a drogas baratas (crack, por exemplo).

---

1 "la povertà e um problema non solo per chi ne e vittima, ma per tutta la società, e non solo in termini morali o estetici, ma anche in termini moita material".

Ressalta-se, com tal dado, a importância de todos estarem dispostos a participar no pagamento dos tributos (evitando-se a evasão, a elisão e todos os mecanismos de redução de seu pagamento).

Amparado o cofre público com recursos correlativos com o PIB (o Brasil tem excessiva cobrança, o que diminui a perspectiva do crescimento do país), o governo tem de pensar no destino a ser dado aos tributos arrecadados.

Daí é que se deve pensar no efeito distributivo dos recursos arrecadados. Os destinatários, então, são a outra face da moeda: os pobres. Se aos ricos se aplica a regra da capacidade contributiva em relação aos impostos, aos pobres se aplica a regra da capacidade receptiva. Tendo o governo a disponibilidade de caixa, cabe-lhe discutir com a sociedade (rica e pobre) onde, como e quando investir nas denominadas políticas públicas.

Na estrutura orgânica do Estado há uma série de atribuições distribuídas entre os entes públicos. Cada qual tem competência para agir em busca de soluções públicas. Em relação ao tema da distribuição dos recursos públicos e sua aplicação em benefício do indivíduo, das coletividades e da sociedade, surgem as políticas públicas. São as ações do Estado em benefício ou em direção às necessidades que foram definidas no ordenamento jurídico.

Evidente que há um ideal (pode-se dizer platônico): pleno emprego, ninguém abandonado, todos com moradia, usufruindo de bom sistema de transporte, saúde, educação etc. Tal Estado é apenas o ideal. A realidade é mais dura e contundente. As desigualdades estão evidentes e crescem a cada dia. Há um poder de concentração de capital nas mãos de poucos. A grande maioria da sociedade vive marginalizada. É o que se vê no dia a dia de nossas cidades, pequenas ou grandes. Os distanciamentos aumentam. Cada qual quer cuidar de sua própria vida, sem ser perturbado pelos outros. O egoísmo cresce, o cuidado de si mesmo se agiganta e a cura do coletivo é completamente abandonada. A sociedade sente-se absolutamente em confronto com o Estado. Este, como é composto por pessoas, age em função de suas pulsões e de seus sentimentos. Nem sempre nobres. Nem sempre controlados. A proximidade do dinheiro público entorpece os sentimentos de solidariedade e de benemerência, estimulando tudo que há de menos elevado.

Não queremos nem há espaço para estudar os sentimentos que fluem no interior das pessoas. Mas uma análise psicanalítica é importante para analisar os fatos sociais. É que quem exerce poderes no Estado são pessoas. Plexos de sentimentos conflituosos. De fluência perversa e que busca valer-se dos bens do Estado, na saborosa crítica do Padre Vieira (no *Sermão do bom ladrão*). A literatura estrangeira é farta em estudar as desigualdades sociais. Situações de fome foram retratadas por Zola, Dostoievski etc. A brasileira não fica atrás, especialmente quando do naturalismo e do realismo (Aloísio de Azevedo, Graciliano Ramos). O ciclo da cana-de-açúcar não fica atrás (José Lins do Rego).

O problema da literatura é denunciar ou descrever fatos agudos da realidade. O do governante é de buscar resolvê-los.

De posse dos recursos, então, e por meio do orçamento, irá efetuar sua redistribuição, tendo em vista os problemas sociais existentes. O bom governante não pode ignorar sua realidade.

Tem de saber dos desníveis em que os grupos (as tribos, no dizer de Michel Maffesoli) se encontram. Daí nasce a decisão política do gasto. É deliberação da mais alta importância. Por meio dela é que dará destino adequado aos tributos e demais receitas arrecadadas.

A capacidade receptiva decorre de um direito à prestação do Estado e ela se qualifica em face dos diversos dispositivos constitucionais que disciplinam a matéria. Tal direito decorre de se encontrar o credor (ou beneficiário) na situação de risco ou de vulnerabilidade descrita no todo constitucional.

Os destinatários devem se encontrar naquelas situações descritas antes: pobreza individual, coletiva ou social. Desnecessário efetuar um detalhamento ou buscar no ganho individual a identificação do necessitado. A lei, por vezes, cria critérios para identificação do pobre.

18. O Fundo de Erradicação da Pobreza.

A linha de pobreza. A Lei Complementar n. 111, de 6 de julho de 2001, disciplinou os arts. 79, 80 e 81 do Ato das Disposições Constitucionais Transitórias. Estabelece que tem o objetivo de viabilizar a todos os brasileiros o acesso a ações suplementares de "nutrição, habitação, saúde, educação, reforço de renda familiar" (art. 1º).

A Lei Complementar utiliza palavras vagas para localizar os destinatários. Fala, por exemplo, em famílias que tenham renda "inferior à linha de pobreza" (inciso I do art. 3º), ou de populações "que apresentem condições desfavoráveis" (inciso II do art. 3º).

A linha de pobreza é critério que vem sendo utilizado para identificar situações de risco social absoluto. É aquele que recebe menos de um dólar (indigência) por mês ou dois dólares (pobreza), de acordo com critério do Banco Mundial.

Vê-se que a redação legal utiliza palavras vagas (não teoréticas) e, pois, ao governante é dada ampla margem de discricionariedade para aplicar o texto normativo. O resultado é o abuso e critérios subjetivos que podem surgir na aplicação da lei.

Pode-se entender que o governo tenha discrição e discernimento na escolha das situações tensionais que enfrenta e a elas destine os recursos necessários para a diminuição ou eliminação das tensões. Políticas habitacionais, alimentares, sanitárias, de transporte etc. devem estar na mente dos governantes. Doentes, idosos, deficientes, desempregados, todas essas pessoas e situações em que se encontram são objetivamente reais; não imaginárias.

Diante de tais critérios imprecisos, pode-se falar em pobreza relativa e absoluta ou extrema. Quais os critérios de distinção? É uma linha tênue de raciocínio que nos irá levar a eles. A segunda é o abandono total dos bens da vida. Não há remédio, nem escola, nem hospital, nem transporte, nem moradia. Nada. É o indivíduo exangue. Não tem mais poder de recuperação. Encontra-se totalmente desnorteado, sem possibilidade de reação. É o muçulmano descrito por Agamben. A pobreza relativa pode ser identificada como aquele indivíduo ou agrupamento que ainda é possível encontrar um lugar para dormir num albergue ou uma alimentação frugal em casa de recolhimento.

Ambas são situações dramáticas, dantescas.

Importante que o Estado, diante delas, busque minorar sua brutalidade destinando-lhe recursos.

Essencial, também, é que o Estado dialogue com a sociedade. Não pode buscar soluções imperativas e ditatoriais, sem qualquer conversa com grupos que se ocupam da pobreza, ou seja, organizações não governamentais. A responsabilidade é do Estado sem dúvida, mas essas coletividades, essas associações estudam tais problemas, buscam intervenção na sociedade, tratam de apresentar soluções alternativas. O Estado não deve buscar distância delas. Ao contrário, o diálogo é sempre importante, ainda que, depois de ouvi-las, tome outras decisões. Sempre há uma contribuição a ser dada. Imperioso que o Estado, quando da deliberação sobre o gasto público, ouça a sociedade, por meio de seus diversos segmentos. O Estado não detém o poder da onisciência, nem lhe é cabível ter posição de distanciamento das outras emanações de conhecimento sobre a realidade que governa. Humildade, não prepotência, é o sentimento que deve imperar em tais deliberações.

Os governantes devem evitar pesadelos.

18.1. A opinião pública (Habermas) e as paixões (Hirschman). A linguagem em Bakhtin. A pobreza é uma realidade gritante no meio da sociedade, especialmente da brasileira. Há um distanciamento enorme entre os problemas sociais existentes e o centro de deliberação sobre o destino dos gastos públicos. O orçamento participativo pode ajudar desde que não seja manipulado pelo governo. A praça pública nem sempre é o melhor lugar para se colher a melhor opinião, sem embargo dos profundos estudos de Habermas (2003, p. 14) ao dizer que "o sujeito dessa esfera pública é o público enquanto portador da opinião pública". A opinião pública é o "resultado esclarecido da reflexão conjunta e pública, sobre os fundamentos da ordem social" (ob. cit., p. 118).

As paixões humanas é que têm de ser dominadas no processo de busca das soluções sociais. É que os sentimentos assaltam os homens, turbando seu raciocínio. Interesses prevalecem sobre os bons sentimentos. O interessante estudo de Hirschman ("interesses e paixões") sobre os interesses econômicos que devem restringir ou controlar as paixões reflete apenas a versão de um economista liberal.

O que prevalece, a nosso sentir, é a manipulação de recursos para atender as classes mais favorecidas (é incrível, mas assim é), numa inversão total do papel do Estado e também de todos os preceitos constitucionais que mencionamos no início deste trabalho. Os preceitos aludidos e que traçam os objetivos fundamentais do Estado brasileiro e também servem de fundamento político de nossa estrutura federativa têm destino certo: a busca de uma sociedade mais igualitária.

O comportamento dos governantes que até agora os aplicaram atuam em sentido antípoda ao previsto na Constituição.

A pobreza é, pois, uma característica que existiu e sempre existirá na realidade mundial. Cabe a intervenção do Estado no exercício de uma política distributiva com o objetivo de diminuir as diferenças entre pessoas, classes, categorias que permeiam toda a sociedade.

O bom governante tem de aplicar as normas jurídicas existentes no complexo estrutural do sistema brasileiro. Como tal, tem de saber que há uma sociedade desigual e que ele tem o dever ético de buscar alterar a realidade por meio de atos dirigidos à diminuição da fome no Brasil.

A análise de Bakhtin em *Marxismo e a filosofia da linguagem* (2010) mostra-se preciosa para o desenvolver do raciocínio. O autor faz corte brusco na teoria da linguagem para entender que não se pode analisá-la de forma abstrata. O estudo também é pertinente, mas, quando se pretende estudar uma linguagem, deve-se descer ao nível dialógico. A saber, é à luz da linguagem falada que se pode ter a visão de como ela se mostra enquanto organismo vivo. Não se pode aplicar um "corte" para isolar o objeto de análise. Ao contrário, só podemos estudar uma língua à vista de como ela é falada.

Estudar a palavra *fome* tem conotações diversas dependendo da situação em que é pronunciada. "Estou com fome" é uma coisa; "vamos almoçar porque estamos famintos", expressão dirigida pelo pai de família em sua casa, tem outro sentido; "o povo está faminto" tem conotação forte. Logo, dependendo de onde se usa a palavra, quando é utilizada, a situação em que é proferida, tudo muda de sentido.

Superada a fome, o passo seguinte é a diminuição das desigualdades sociais como objetivo fundamental.

18.2. As rebeliões. Apenas as rebeliões logram atingir o governo em sua inércia. Grupos organizados podem muito bem dinamitar as estruturas sociais por meio de passeatas, discursos, reuniões, congressos, busca de adesão de intelectuais, esportistas, atores e atrizes, enfim, gente representativa, apta a acionar o governo.

Enquanto não houver isso, os governantes não se mexem. Fazem-no apenas em campanhas e viram as costas depois das eleições para se dedicarem às próximas eleições, à colocação de seus apaniguados e à burla da destinação dos recursos públicos.

A corrupção, os desmandos, os desvios de recursos, a incompetência, tudo se une para fazer com que a pobreza continue. É a marcha incontrolada e contínua das desigualdades sociais. Estas persistem graças à incompetência, gerando expectativa frustrada de solução dos problemas.

Em suma, não há solução para a pobreza, sem embargo dos caminhos que apontamos para sua diminuição. Isso enquanto persistirem os sentimentos maléficos que ganham a luta no interior dos humanos.

19. O papel do Tribunal de Contas na erradicação da pobreza.

O Tribunal de Contas não examina as contas apenas depois de realizadas. Cabe-lhe realizar inspeções e auditorias de natureza "contábil, financeira, orçamentária, operacional e patrimonial" (inciso IV do art. 71). *Sapere aude!*, disse Horácio. O sintagma foi retomado por Kant no período iluminista para despertar as mentes no sentido de ousar conhecer e agir.

Em tal sentido, ouso intitular o Tribunal de Contas como poderoso instrumento de transformação social. Não pode ser órgão de mera expectativa e de ação quando o dano ao patrimônio público já está consumado. Fiscalizar é muito mais que examinar papéis e apor-lhes carimbos. Realizar inspeções e auditorias não é esperar que os gastos ocorram para depois lamentar o prejuízo. É antecipar-se a ele.

Quero crer que o art. 70 da Constituição ainda não foi exaurido em todos os seus aspectos. De pouco vale uma análise meramente formal. O que vale é seu conteúdo e destinar sua aplicação exatamente àquele que mais necessita da competência dos tribunais.

A competência dos Tribunais de Contas, da mesma forma, não lhes é dada apenas para usufruírem de prerrogativas funcionais. Mas, decididamente, aplicá-la em benefício daquele que é o desfavorecido ante o amparo dos poderes públicos.

É assim que vejo o direito financeiro. Como instrumento poderoso para equilibrar os desníveis sociais e garantir os direitos humanos.

20. Os denominados direitos humanos. Hanna Arendt. Ionesco.

Há um questionamento primeiro: o que são os direitos humanos? Hanna Arendt, com rudeza, afirmou que

> o conceito de direitos humanos baseado na suposta existência de um ser humano em si, desmoronou no mesmo instante em que aqueles que diziam acreditar nele se confrontaram pela primeira vez com seres que haviam realmente perdido todas as outras qualidades e relações específicas – exceto que ainda eram seres humanos. (ARENDT, 2006, p. 333)

Podemos, no entanto, remontar o problema. Deixando de lado o problema dos chamados *direitos naturais*, uma vez que ficam como memória histórica, podemos dizer que, a partir do instante em que o ser humano se defrontou com o *outro*, instalando uma relação de intersubjetividade, nasce o direito, nascem formas de disciplinar tais relacionamentos, instaurando-se uma ordem jurídica. Nasce a civilização com a repressão no dizer exato de Freud.

O grande problema da sociedade, hoje, é encontrar o exato ponto em que se pode construir um ordenamento normativo respeitando o direito de cada um e o direito de todos.

Com sua genialidade, o dramaturgo Ionesco dá um grito lancinante (*punzante*), no final de seu notável *O rinoceronte*, quando Bérenger se vê rodeado de rinocerontes e se sente sozinho, ao dizer: "Continuarei como sou. Sou humano, um ser humano!" Em seguida: "Eu me defenderei contra todo o mundo! Sou o último homem, hei de sê-lo até o fim! Não me rendo". (Ed. Abril Cultural, 1976, p. 236).

É o que Spinoza chama de *conatus*, isto é, não só ser humano, mas envidar todas suas forças em viver.

20.1. As gerações (dimensões?) de direitos. O *primeiro passo* foi a construção dos denominados *direitos negativos*, ou seja, garanto o *espaço livre de minha ação* sem que o Estado possa ou deva intervir. Surgem os denominados *direitos burgueses* advindos com a Revolução Francesa. Evita-se que o Estado intervenha. Ele deve apenas observar o exercício de *meu espaço livre*. O meu agir impõe a abstenção ao Estado. A tais direitos (liberdade, propriedade, igualdade, liberdades coletivas, de pensamento, de reunião etc.) se denominam *direitos de primeira geração*.

Como diz Scaff: "A palavra 'gerações' pode muito bem ser substituída pelo vocábulo mais usual '*dimensões*', que não reflete a 'morte' de uma geração com o surgimento das outras, mas sua progressividade e cumulatividade no tempo" (SCAFF, 2018, p. 149).

O segundo passo dado pela sociedade, calcada na orientação marxista de garantir os *direitos sociais dos trabalhadores*, começa a exigir do Estado uma ação (não mais a omissão que garantia os direitos anteriores). São direitos sociais, econômicos e culturais que obrigam o Estado a satisfazer tais necessidades. A saúde, a educação, o emprego etc. tendem a não serem atendidos se o Estado se omite em garantir seu exercício. São os chamados *direitos de segunda geração*.

Com o intercâmbio entre os indivíduos e entre seus grupamentos e associações, sociedades que se formam no seio da sociedade, nascem sentimentos de união entre eles, de *solidariedade, de fraternidade* (que provêm da forte intervenção do cristianismo, especialmente). Da mesma forma, o meio ambiente equilibrado, o direito à qualidade de vida, a conservação de patrimônio histórico e também a comunicação. O agigantamento do Estado e a proximidade entre os países, a diminuição da distância entre todos obrigam novas atribuições ao Estado, identificando os direitos como universais. É o que se rotula de *direitos de terceira geração*.

Novamente os interesses se agigantam e surgem inovações tecnológicas, de pesquisas genéticas e sua transformação, cibernética, a descoberta das células-tronco, direitos de terceiros (preservação de sêmen, de células etc.). Esses são os *direitos de quarta geração*.

20.2. Os sujeitos de direito. Observe-se claramente que os titulares de tais direitos não são apenas os seres humanos (homens e mulheres identificados como tais), mas também os grupos que decorrem de sua vivência em coletividade. Especialmente grupos minoritários, elementos raciais, os diferentes da "normalidade" assim denominada pelos grupos de dominação. Antes, eram, em grande parte, as mulheres que buscavam a afirmação de seus direitos; hoje, além delas, também os negros, os índios, os homossexuais, e variadas comunidades étnicas etc.

20.3. As garantias. Já não basta mais descrever direitos e normas jurídicas. Nem estabelecer garantias formais, procedimentais ou processuais que lhes assegurem o exercício. Mas é essencial que eles (direitos) assegurados (por garantias) sejam efetivamente exercidos.

Bobbio (1992, p. 25) afirma categoricamente que "o problema grave de nosso tempo, com relação aos direitos do homem, não era mais o de fundamentá-los, e sim o de protegê-los".

Hoje, todos os documentos solenes de garantia dos direitos (constituições, declarações universais, declarações tópicas) contêm um rol de instrumentos postos à disposição do Estado e dos indivíduos, para garantir o seu pleno exercício.

O problema é que os Estados são dirigidos por homens e a sociedade é por eles formada.

Sendo assim, todos agem com suas *paixões*.

20.4. O direito como paixão. Sabidamente, os homens se conduzem movidos por seus sentimentos. Há um conflito eterno dentro deles. O *id* (ou o inconsciente) freudiano é um mar revolto, é um violento caudal de impressões, de sentimentos, de divergências que fluem a toda hora, de forma a atormentar o ser humano. De outro lado, o *superego* tenta domesticá-lo. Limita seus comportamentos, cinge e sanciona qualquer ato contrário àquele que a sociedade aceita. Fica o *ego* no meio desse confronto. Este é quem sofre. Este somos nós.

Evidente que os conflitos internos estão pulsantes, os sentimentos – medo e esperança – estão em confronto permanente. O que vencer vem à tona e é manifestado pelo ser humano. Nem sempre o sentimento é agradável.

Daí a infração, a contravenção e o crime, comportamentos obviamente desconectados da realidade social e conflituosos com o que estabelecem as normas jurídicas. Estas tentam permitir a vida em sociedade.

As normas igualmente são fruto de conflitos entre os legisladores, cada qual defendendo seus interesses pessoais ou do grupo que representa. Há um conflito eterno e permanente.

Toma diversos nomes: *conatus* para Spinoza, *vontade* para Shopenhauer, *libido* para Freud, *vontade de poder*, para Nietzsche, a ponto de David Hume entender que não há a razão, mas simplesmente sentimentos que estão em conflito e um deles se manifesta, exteriorizando o querer da pessoa.

20.5. Existem os direitos humanos? O outro. O cristianismo. O humanismo. As declarações. Podemos tomar o tema como o que deflui da condição de ser humano. Não se diga da inexistência de tais direitos. O que se afirma é o deslocamento do problema. Expliquemos: Spinoza afirma que o universo é uma substância única, singular, infinita e eterna. Tudo é por ela determinado. Não há, então, finalidades. Daí se negar a natureza antropomórfica de um deus. Ora, o ser humano é um componente da natureza, como qualquer outra coisa. A diferença é que ele não está sujeito ao determinismo da natureza.

Qual é o motivo? É que tem ele pensamentos, emoções e desejos. O ser humano é afetado pelo mundo, a cada instante, a cada segundo. Reage ao contato com o mundo de formas diversas. O conhecimento empírico leva os contatos ao pensamento que conhece em segundo lugar (Kant) pelo conhecimento intelectual (para não dizer racional).

A partir do instante em que o homem teve percepção do mundo, passou a conhecer o outro (não aquele que lhe era próximo), nasceu o confronto. Seu *direito*, então, era o de matar o *inimigo*, para sobreviver. *O direito natural é o direito de matar o outro por morte violenta.* Com o *pactum societatis* pacificam-se os conflitos e entrega-se o direito de vingança a uma entidade acima dos interesses em jogo. Surge um terceiro alheio aos interesses em conflito para vingar a morte violenta. O primeiro pacto, então, é o direito de não ser morto por morte violenta. Daí surge o segundo pacto, o *subjectionis*, ou seja, o pacto de aceitação de que alguém domine, desde que garanta a *segurança*, primeiro valor reconhecido na sociedade.

O cristianismo veio dar o sabor de direitos inerentes à pessoa. As pregações, sem prejuízo dos ensinamentos, foram de igualdade. A igualdade, tão criticada por Nietzsche, foi que desagregou o ser humano e o colocou em condição de inferioridade. Segundo ele há dois grandes inimigos da humanidade: a religião e o ensinamento da existência do transcendente.

Os direitos em si para nada servem se não vierem respaldados em *garantias*. Castán Tabeñas (1976, p. 128) diz: "De pouco servem as meras declarações dos direitos se não vão acompanhadas

das garantias que assegurem sua eficácia".[2] Os historiadores afirmam a existência de criação permanente de novos direitos, de diversas gerações. Na primeira onda, os direitos denominados burgueses que se identificam por prescindir de qualquer atuação do Estado (direitos negativos). Os de segunda geração exigem a intervenção do Estado (direitos positivos). Sobrevêm os denominados direitos sociais e, por fim, os políticos.

Cada ideologia veste os rotulados direitos humanos com o traje que lhe agrada. Logo, os *direitos humanos não existem na realidade; antes, são um ideal, à maneira platônica.*

O *humanismo* é o combate pela vida do homem, dentro da civilização. Para podermos falar em direitos humanos teríamos de lhes dar uma essência. Qual seria ela? Muitos já se debruçaram sobre o tema. Alguns dizem que é o *conatus* (Spinoza), ou seja, o desejo de manter a vida; Schopenhauer fala da *vontade* como essência do indivíduo. Nietzsche rotula de *vontade do desejo*. Sartre dirá que antes vem a existência, depois a essência que se faz ao longo da vida. Mais recentemente, Comte-Sponville (2008, p. 311) afirma que "nenhum cientista, hoje em dia, nenhum antropólogo sério, procura explicar o que quer que seja – nem mesmo um fato especificamente humano, como a guerra ou os rituais religiosos – por uma 'essência humana' que lhe serviria de princípio de intelecção ou de racionalidade".

Vê-se, pois, que, para tratar do tema de forma filosófica não há parâmetro de garantia de sua existência.

---

[2] "De poco sirven las meras declaraciones de los derechos si no van acompañadas de las garantias que aseguren su eficácia".

Montaigne diz que "não há animal no mundo tão temível para o homem quanto o homem" (VILLEY-SAULNIER, PUF, 1978, p. 671). O homem só é homem quando tem consciência de sua miséria e "ele só é humano com a condição de renunciar à divindade" (COMTE-SPONVILLE, ob. cit., p. 326).

Hanna Arendt afirma: "Os direitos humanos não são um dado, mas um construído, uma invenção humana, em constante processo de construção e reconstrução".

O homem se crê importante porque teria sido feito à "nossa imagem", disse Deus em Gênesis, I, 26. Esse é o grande problema. Vício de criação. O homem se sente divino e quer ter direitos inalienáveis, permanentes, intocáveis e inalteráveis. Mero idealismo desprovido de qualquer substância.

O homem em verdade é o *homo homini lupus* de Plauto e imortalizado por Hobbes.

A declaração de direitos do homem proclamada pela ONU em 1948 contém o pacto internacional dos direitos civis, cuidando da liberdade (I e IV), da segurança (III), da igualdade (VII) e da audiência justa e pública (X).

Vê-se, pois, que os *direitos humanos não são naturais, mas criados*. É o homem, por suas declarações que lhes dá *positividade*. Eles não existem enquanto tais. Não existem *antes das leis, mas são por elas estabelecidos*.

A discussão que se abre, então, é relativa ao fato de tais direitos existirem por si sós ou exigirem positividade. É a positividade que lhes dá conteúdo. O que se pode questionar é a *legitimidade* da ordem jurídica. Mas tal conceito necessita de comparação. Ao se falar em legitimidade, o que se está indagando é: legítima em relação a quê? Daí nasce a transcendência dos referidos direitos, postulados enquanto tais. Logo, pretende-se fugir da positividade. Mas, como já se viu os direitos não existem por si; prescindem de lei e, se é assim, não há legitimidade possível. Salvo se a comparação for feita em face de um ordenamento ideal.

Diz-se que todo direito é positivo. Mas nem todo é legítimo. Este advém de uma ordem ideal.

Mas, voltemos ao início: teria havido um pacto *societatis*? Positivamente, não em sua pureza, salvo se acompanhado de um pacto *subjectionis*, ou seja, alguém submeteu alguém; alguém foi lobo de alguém.

Os autores, normalmente, dão razões extraordinárias para justificar uma ordem jurídica. Ross (1974, p. 54) diz que a ordem legítima é a *aprovação* da sociedade. Hart fala da regra de reconhecimento que envolve a aceitação. Pode-se dizer que essa pragmática se assenta na denominada violência simbólica que iremos analisar mais adiante.

A legitimidade, como já disse "implica indagação acerca do título que justifica ou aperfeiçoa o ordenamento, em seu complexo" (OLIVEIRA, 2010, p. 44).

Qual é o título que justifica um ordenamento normativo? Há sempre que comparar com outro ordenamento. Um pode ser melhor que o outro e ambos podem estar em descompasso com outro, até que se chegue a um ordenamento ideal que, como se vê, é apenas ideal.

Se os direitos humanos são dados pelo direito positivo, há que indagar o que é ele. Este é "o conjunto de normas que estão em vigor em determinado lugar e época". (MAYNEZ, 1963, p. 96).³

Como se viu, o ordenamento só é legítimo se comparado com outra ordem de valores. Esta é ideal. Logo, não positiva.

O que se pode ter como valores efetivamente albergados em determinado sistema para que sejam garantidos os denominados direitos humanos: a) um rol de direitos; b) garantias de seu exercício; c) legislativo autônomo e independente; d) executivo submetido às leis, eleição dos governantes e periodicidade de mandatos; e) jurisdição independente. Isto basta?

Ainda não. Alguns autores postulam a sintonia dos valores positivados a uma ordem ética universal. A Emenda Constitucional n. 45/2004 afirmou que os tratados que cuidassem dos direitos humanos estariam incorporados ao direito brasileiro se aprovados segundo a mesma forma das emendas constitucionais.

A confusão se instaurou. A Constituição passou a ser colcha de retalhos. Qualquer pedaço de pano serve, de acordo com as conveniências de momento.

O Programa das Nações Unidas para o Desenvolvimento (Pnud) criou as Metas para o Milênio. São elas: 1. Erradicar a extrema pobreza e a fome. 2. Atingir o ensino básico universal. 3. Promover a igualdade entre os sexos e a autonomia das mulheres. 4. Reduzir a mortalidade infantil. 5. Melhorar a saúde materna. 6. Combater o vírus da Aids, a malária e outras doenças. 7. Garantir a sustentabilidade ambiental. 8. Estabelecer uma parceria mundial para o desenvolvimento.

---

3 "El conjunto de normas que están em vigor en determinado lugar y época".

Efetivamente são só metas porque são ideais e inalcançáveis. Basta lembrar de alguns acontecimentos recentes e exemplos para que se identifique o descumprimento de metas da ONU.

Os Estados Unidos *não* subscreveram o Tratado de Kioto; invadiu o Iraque sem qualquer motivação; mantém prisão em Guantánamo. O mundo civilizado dos direitos humanos nada fez.

A Bósnia praticou genocídio. Ninguém se movimentou. Ruanda fez o mesmo contra os Tutsis. A comunidade internacional calou-se. Diversos países da África passam fome. A comunidade se cala.

Há uma série de documentos que buscam garantir o direito. Não só a Declaração dos Direitos do Homem de 1948, mas também a Convenção para a Proteção dos Direitos do Homem na Europa, de 1950, o Pacto de São José da Costa Rica, de 1996, A Convenção da ONU sobre Pessoas Deficientes (1989).

No Brasil, por força do disposto no inciso LXXVIII do art. 5º da Constituição Federal, a Emenda Constitucional n. 45/2004, todos têm direito à duração razoável dos processos.

Como diz Hanna Arendt (2006, p. 333): "O conceito de direitos humanos, baseado na suposta existência de um ser humano em si, desmoronou no mesmo instante em que aqueles que diziam acreditar nele se confrontaram pela primeira vez com seres que haviam realmente perdido todas as outras qualidades e relações específicas – exceto que ainda eram seres humanos".

Slavoj Zizek (2008, p. 244) diz que "o paradoxo é que somos privados dos direitos humanos exatamente quando, de fato, na realidade social, somos reduzidos a um ser humano 'em geral' sem cidadania, profissão etc., – ou seja, exatamente quando, de fato, somos os portadores ideais dos 'direitos humanos universais'".

No exato dizer de Jacques Rancière (2004, p. 229/230), os direitos "quando eles não têm mais utilidade, fazemos o mesmo que as pessoas caridosas fazem com as roupas velhas. Damos para os pobres".

O Brasil não fornece visto de entrada aos chineses de Taiwan, porque a China continental não permite. Dão apenas o *laisser-passer*, documento que é recolhido na entrada do estrangeiro no país.

A violência grassa no país inteiro, sem que haja perspectivas de terminá-la. A fome existe, por mais que o governo tente escondê-la. Os guetos estão nas periferias das grandes cidades. As prisões são centros de especialização criminal e o tratamento que se dá aos presos é sub-humano. As pessoas não são atendidas com dignidade nos hospitais públicos dos três entes federativos. O brasileiro tem ensino de quinta qualidade como atestam os organismos internacionais. A violência nas estradas é uma constante. Os indígenas não são atendidos. As políticas públicas são precárias e deficientes em todas as esferas de governo. O Judiciário não atende à demanda social. O Legislativo não atende aos interesses legislativos necessários.

Enfim, estamos num país que não respeita os direitos humanos.

Os Estados Unidos, por meio do Patriotic Act, admitem a tortura e a praticam. Onde está a repulsa da comunidade internacional e do Brasil? O mesmo país invade os computadores do governo brasileiro para controlar o país. Quais as reações até agora conhecidas?

Por seu turno, o terrorismo tem agredido pessoas e nações. Como conjecturar com os direitos humanos quando estão em confronto com outros direitos tão humanos de outras pessoas que possuem outros direitos?

O ódio não tem fronteiras. As organizações criminosas também não.

A Constituição brasileira consagra inúmeros direitos (em especial no art. 5º). O problema que surge é o seguinte: se garanto tais direitos, como fazer que eles não sejam utilizados para destruí-los? Como restringir o uso da palavra que pregue o ódio, a perseguição, a limitação dos direitos? Se alguém busca, utilizando-se da liberdade da palavra (*Íon*, de Eurípides, pode ser um exemplo) destruir as instituições? Qual é o limite de tais direitos? Se os limito, não restrinjo os direitos humanos?

O problema crucial é: até que ponto os direitos devem ser preservados para que se possam combater organizações criminais internacionais? A lavagem de dinheiro, o tráfico de drogas, o comércio ilegal de armas, o treinamento de adeptos religiosos fanáticos, tudo pode ser maléfico aos cidadãos. O que fazer? Qual é o limite da desconsideração dos direitos constitucionais para a preservação da sociedade? Quem decide isso? Até que limite a sociedade está disposta a abrir mão de seus direitos para sua própria preservação? Pode-se pensar em direitos humanos apenas para alguns?

Poder-se-ia aceitar a retroatividade para alcançar a lei que institua crime e respectiva sanção com caráter retroativo, em colidência com o inciso XXXIX do art. 5º? Pode-se pensar em tribunal especial para julgamento de crimes contra direitos humanos, em colisão com o inciso LIII do art. 5º? Seria admissível não prever recurso para tais crimes, ao arrepio do inciso LV do mesmo artigo? Seriam permitidas gravações telefônicas sem autorização judicial, ao contrário do inciso LVI? Poderia o Poder Público sonegar informações sobre pessoas e fatos em confronto com o inciso XXXIII?

Estariam os juízes preparados para reinterpretar os conceitos e os direitos estabelecidos?

É o ser humano o centro do universo ou é a coletividade? A defesa da sociedade passa pela do Estado? As sociedades marginalizadas que direito têm? Quem deve assegurá-los e garanti-los? Em relação ao Estado elas já não têm qualquer perspectiva?

O que resta é a própria sociedade tomar em suas mãos as grandes reformas necessárias. Mas, como disse Rousseau nas primeiras páginas de seu estudo sobre as causas das desigualdades entre os homens, há dois tipos de desigualdade: a natural e a criada pelos homens. Em relação à primeira, nada pode ser feito. Em face da segunda, resta diminuir as desigualdades por meio da violência. Como diz Walter Benjamin, há a violência instauradora e a restauradora.

É a violência que deverá ser empregada para equilibrar o prato da balança dos direitos consagrados na Constituição, como prefiro denominá-los, em vez de direitos humanos que são volúveis, indefiníveis e não universais?

21. Globalização. Agamben.

Muito se fala na globalização dos direitos. Só que eles, hoje, não têm conteúdo jurídico.

Assinala Agamben (2002, p. 124): "Mas é chegado o momento de cessar de ver as declarações de direitos como proclamações gratuitas de valores eternos metajurídicos, que tendem (na verdade sem muito sucesso) a vincular o legislador ao respeito pelos princípios éticos eternos, para então considerá-las de acordo com aquela que é a sua função histórica real na formação do moderno Estado-nação".

O homem não vive amparado pelos Estados. Ao contrário, o Estado o abandona. Sempre é uma minoria que comanda. Pode sê-lo pelos meios democráticos. Mas, uma vez eleito, tudo se esquece e o homem volta a ser apenas um ponto na linha interminável do abandono social. O homem é um ponto na escala de Euclides. Imaginário. Vale apenas quando do momento do voto. No mais, volta a ser um ponto.

Não se pode, então, falar de *direitos humanos*. Mera ficção e rótulo simbólico para ser utilizado quando for conveniente. Em pleito onde são disputados direitos, cada parte maneja o rótulo da forma que lhe for mais conveniente. Ambos brandem o rótulo. Há agressão a direitos humanos. Se alguém fica preso mais tempo que o devido, há hostilidade aos direitos. Se é solto e é em tese perigoso, surge outro rótulo – o direito da sociedade. Qual é o direito humano?

22. Teoria das verdades contraditórias.

Daí surge a *teoria das verdades contraditórias*. O título é interessante. Diz com as verdades afirmadas para a sociedade. As verdades não são ditas. São afirmadas, para solução de um problema social. Mantemos a crença na paz, solidariedade social, igualdade, crescimento das oportunidades, liberdade garantida em todos os pontos. Ocorre que as promessas que consubstanciam os ideais a atingir são quiméricas. Autores escreveram sobre utopias (Platão, Thomas Morus, Campanella e Marx). Prometeram uma terra que não existe por meio de processos de incontornáveis dificuldades.

Ficaremos na análise dos fins inconciliáveis que se reduz ao confronto da igualdade com a liberdade. São ideais que se repelem. São caminhos que se cruzam constantemente. São pendores inconsequentes.

Uma coisa é certa, quanto mais liberdade, menos igualdade e quanto mais igualdade, menos liberdade. São noções antinômicas. No discurso, viram parelhas e podem caminhar juntas. Afirmam que é possível ter total liberdade enquanto se alcança a igualdade ou vice-versa.

A igualdade pessoal, coletiva e social apenas é atingível com restrição da liberdade. A igualdade de todos perante a lei, como consagrada na grande maioria dos textos constitucionais, outra coisa não significa senão a igualdade dos iguais, tal como preconizou Orwell na *Revolução dos bichos*. Todos nascem livres, disse Rousseau, quando começou sua obra *Do contrato social*, para depois ficarem sob grilhões no mundo todo.

Há uma desigualdade natural (forte, fraco, alto, baixo, mulher, homem, negro e branco etc.), mas os ordenamentos normativos prometem igualdade jurídica. Mas tal não ocorre. A sociedade separa os iguais e os desiguais. Como disse Orwell, alguns são mais iguais que outros. O direito também separa. Os ricos contratam bons advogados; os pobres não têm advogados ou, se os têm, não são tão bons como os dos ricos.

Guetos se formam em todos os lugares. Bairros dos ricos e dos pobres. Segurança, iluminação, acesso a creches, escolas e hospitais são para poucos.

Acho que ninguém discorda do que se disse até aqui. Alguma voz se levantará para discordar, mas por mera ideologia vazia de conteúdo.

Para que se garanta a *diminuição das desigualdades* impõe-se restringir a liberdade? Primeiro, começa a incidência tributária. Deveria ser mais intensa em relação aos ricos (mas isso não é restringir sua liberdade – de não pagamento de impostos ou de pagá-los na proporção dos ganhos?). Segundo, os imóveis dos ricos são enormes e assegurados por cercas, altos muros e câmeras de segurança. Os dos pobres são pequenos, sem cercas ou altos muros e não têm segurança.

Pode-se, então, falar em direitos humanos?

23. De novo o rótulo direitos humanos.

A globalização prossegue com esse jogo de interesses. É sempre um rótulo que serve em situações especiais. Há sempre o confronto entre a sociedade e o indivíduo. Aquela tem o direito de ser preservada. Este, o direito de não ser afrontado. Ambos são titulares de direitos. Qual prevalece? Aquele que, no caso concreto, sobrepujar o outro de acordo com a densidade valorativa.

Quando da prolação de uma sentença em processo onde litigam partes individuais, o juiz há que ponderar a prova produzida, localizar a norma incidente sobre o conflito e decidir. Simples assim. Quando as partes forem pessoas jurídicas, procede da mesma forma. O problema ocorre, então, quando grandes temas chegarem aos tribunais e este tiver que decidi-los para toda a coletividade ou para todo o âmbito de incidência pessoal do ordenamento normativo.

No Brasil de hoje o juiz terá de decidir e apontar os efeitos do decidido (Lei n. 13.655/2018). Fácil é decidir e virar as costas para os efeitos decorrentes da solução encontrada. A denominada Lei de Introdução ao Direito Brasileiro obriga, agora, autoridades judiciárias e administrativas a fundamentar sua decisão, não apenas para dar-lhe embasamento jurídico, mas para explicitar quais as consequências que advirão de seu ato. Impõe-se que o magistrado, mais do que ninguém, no exercício jurisdicional, identifique a sequência que advirá de seu ato decisório.

Em qualquer hipótese, não precisa invocar *direitos humanos*. Ainda que em tal hipótese, observará a norma incidente e disciplinadora do conflito instaurado.

Evidente que o ordenamento normativo tem *princípios* que poderão incidir sobre a controvérsia. De qualquer maneira, será sempre uma norma jurídica que determinará o julgamento.

O rótulo *direitos humanos*, então, é um "Tû-tû" no dizer de Alf Ross, ou seja, é uma palavra que complica, que não tem conteúdo. Tem o mesmo sentido que *direito subjetivo*. O que é isso? Para que eu tenha direito subjetivo, tenho de buscar uma norma que o garanta, seja no âmbito contratual, no administrativo, no tributário etc. Sempre terei que invocar um dispositivo legal. Então, para que serve o *direito subjetivo*? Para complicar as coisas, para identificar situação inexistente, já que tenho de buscar norma que ampare o direito invocado.

O que está arrolado na Constituição são direitos e garantias individuais (art. 5º). Cada qual tem um conteúdo valorativo que pode ser invocado quando se tiver de resolver determinada situação.

Para que serve o rótulo *direitos humanos?* Para ser utilizado de forma política em determinadas situações de confronto.

Dentro do que se vem tratando, há um tema que se contrapõe ou se alinha com o que vem sendo tratado. Cuidamos dos desgraçados da sociedade. Até que ponto os abandonados podem ter liberdade dentro do Estado de direito?

É a matéria que se propõe a indagar. Os miseráveis são livres no sentido amplo da palavra? Visto o estado de degradação em que se encontram na sociedade, pode-se dizer que gozam de liberdade? É o que se passa a verificar.

24. Liberdade. Introdução.

Inúmeros autores desde a Antiguidade se debruçaram sobre o que seja a liberdade. Cada qual tem uma posição. Fundamentam seus argumentos de todas as formas, mas até hoje ainda não se tem um conceito sobre o que isso significa.

Anteriormente (OLIVEIRA, 2016), escrevi que o Estado não tem origem nem na organização natural nem em pactos, mas é fruto da dominação de uns sobre outros. Grupos que se organizam e assumem o poder, restringindo os direitos dos demais. Impõem-se sobre os diversos segmentos da sociedade, criando obrigações e deveres. Originariamente, surgiram conflitos entre tribos e a guerra de uns contra os outros é o que permanece da história. O "homem lobo do homem" de Plauto, cuja afirmação foi disseminada por Hobbes e ganha corpo cada vez mais. É que o conflito interno nas sociedades não termina com a criação do Estado. Ao contrário, os confrontos prosseguem.

O que vale é que não podemos perder de vista que jamais houve pacificação. Podem ter existido momentos em que a sociedade está mais ou menos tranquila, como em Atenas no *Século de Péricles*. Em seguida, surgem novos conflitos não raro violentos. A dinâmica da sociedade é da busca incessante pelo poder. Para conquistá-lo, os homens não medem esforços, nem estratégias, nem mentiras, nem patranhas de toda ordem. O que vale é a obtenção do prêmio – a conquista do poder.

Assim é que o grupo vitorioso impõe sua ideologia, instituindo mecanismos de dominação mais ou menos sofisticados. Outrora, era a chibata, o açoite, a morte violenta. Hoje, a sutileza, a sedução e os motes sofisticados de conquista.

Ocorre que o poder não tem limites nem admite vácuo. Quanto mais tem, mais quer. Poucos têm a grandeza e a humanidade de Ulisses ao rejeitar a promessa de Calipso de fazê-lo imortal e jovem. Resiste à oferta e apela aos deuses para se libertar de suas mãos e retornar a Ítaca.

O dono do poder, portanto, é insaciável. Não tem limites. Prepara o jogo para ganhá-lo sempre e permanecer usufruindo de seus lucros. Questão que vale a pena enfrentar é se o direito formalizado e positivado serve para delimitar o titular do poder.

Como premissa, pois, das indagações que se seguirão, temos que o Estado, que sempre está nas mãos de um grupo dominante, é opressor e não pretende admitir resistência.

Embora seja um Estado constituído sob uma Constituição que arrola direitos e garantias fundamentais do homem, baseados em declarações constantes de Cartas Universais e de conteúdo humanitário, os grupos de dominação mantêm tais documentos como vigentes, mas não cumprem seus ditames.

Fácil a burla, como se verá. Os homens estão permanentemente procurando caminhos escusos ou procurando sendas claras e abertas, mantêm escondidas suas intenções e interesses. Tramam nos desvãos. Arrodilham-se em conluios. Sussurram à noite. Reúnem-se em conventilhos. Estabelecem desmandos. Oh! Tempos! Oh! Costumes! Como diria Cícero em suas catilinárias.

As catilinárias poderiam ser proferidas hoje. As conjuras, as reuniões secretas, os acordos espúrios são a regra que impera na tomada de todas as decisões de governo. Este se parece com um bando de perturbadores, de uma súcia de meliantes, uma corja de bandidos!

Não se fazem as coisas às claras. As decisões mais singelas são acertadas para ajudar ou perseguir alguém.

O homem sente-se só. Seja na democracia, seja na ditadura.

Assim, tem de arrumar, seja em ação solitária, seja em coletividade, seja em sociedade, meios para se defender do poderio que o assombra todos os dias.

Kafka tem razão ao identificar o homem à porta fechada da justiça. Ele não sabe quais meios tem para abri-la. Ignora os intrincados passos dos procedimentos. Fica à mercê dos demais, inerme à improvável piedade do Estado.

Por consequência, tem de se organizar para enfrentar a pesada estrutura que o esmaga. Se perfilhar a ideologia dominante ou fizer parte da estrutura burocrática de dominação está, pelo menos por algum tempo, garantido em sua intimidade. Mas, divergindo dela, estará sempre em sobressalto ante a perda ou manutenção de seus direitos.

Assim, é ele contra o mundo. Tem de enfrentar tudo e todos. Rodeado, provavelmente, de sua família, deve manter-se no núcleo de subsistência de si e dos que o cercam.

O primeiro passo é a consciência de si.

24.1. A liberdade pessoal. O homem é, de qualquer forma, um ser condicionado. Ao nascer já recebe uma carga de afetos. Pai e mãe se juntam para impor-lhe uma série de comportamentos. Se não os tem, recebe do substituto também um amontoado de predisposições.

Platão já recebera a mensagem do Oráculo de Delfos: "Conhece-te a ti mesmo". A frase permanece até hoje como uma incógnita subjetiva. O primeiro passo é voltar-se para seu interior e buscar respostas para sua própria compreensão.

Numa primeira impressão fica o impacto em face do universo. O cosmos nos oprime de tal modo que se impõe conhecê-lo ou dele ter ao menos uma impressão. Em princípio, é sufocante. Temos bilhões de astros, galáxias, planetas, constelações, estrelas todas desconhecidas. Outrora, Sócrates, Platão e Aristóteles entendiam que o cosmos é um todo ordenado. Ptolomeu entendia a terra como o centro do universo. Copérnico transferiu-o para o sol. Descobriu-se que era o sol apenas o coordenador de um pequenino pedaço do todo universal. A teoria da relatividade mudou nossa realidade e, por fim, a descoberta dos grãos quânticos. Tudo mostra nossa pequenez.

Hoje, tem-se por caótico o universo. O que havia sido criado pelo Deus judaico-cristão passa a ter origem em uma imensa explosão que até o momento ainda tem seus fragmentos de astros jogados no céu.

A tudo isso o homem assiste incrédulo.

O primeiro passo é, pois, conhecer-se e situar-se perante todo o universo. Mas para tanto é imprescindível que veja seu interior. Quem sou eu?

Cada um de nós é um fragmento. Não há o todo. Cada um é um. Com seus desejos, angústias e esperanças. Fragmentos que não se juntam. Podem se associar por um momento, mas estão irremediavelmente separados.

Assim, o homem há de buscar-se a si. Uma viagem pelo desconhecido de seu ser. Tem contato com o mundo. Está a todo instante em interação com tudo que o rodeia. Não apenas o mundo, seu país, seu Estado, sua cidade, seus amigos e inimigos, sua escola, sua igreja, seu condomínio, sua rua. Tudo o impacta. Diária e incessantemente. Seu *ego* é um filtro. Seleciona os impactos, absorve-os e nem sempre encontra uma resposta.

Em segundo lugar, o *id*, a aceitarmos a terminologia freudiana, está no esconderijo dos sentimentos. E o *superego* nos julga. Tudo se passa em nosso interior. É o reflexivo que funciona. Quiçá o solipsismo.

O homem é uma corda de violino. Vibrante, é tocada a todo instante.

Atenção. Não é apenas o mundo que nos afeta, mas surge o problema do *outro*. O entendimento sobre nós mesmos é refletido no olhar do outro. São os outros que dimensionam nossa capacidade, nossa reputação e nossas ações. O outro é que limita nossa grandeza/pequenez humana.

A primeira preocupação é a imersão dentro de nós mesmos. Quem somos dentro do mundo que nos cerca? A partir daí temos de buscar dominar nossas emoções. Somos uma corda de violino, dissemos. É verdade. Ela é tangenciada a todo instante pelo mundo e pelos outros. A tais contatos, reagimos. Com maior ou menor intensidade.

Como centro pulsional, nossas emoções são as mais diferentes possíveis e reagimos diante dos fatos com compreensão, agressão ou aceitação. Nossos sentimentos são reações aos contatos diários.

A *liberdade pessoal* pode ser simplesmente *psíquica*. É a liberdade de pensamento não externado. É o que a Constituição Federal rotula de *liberdade de consciência e de crença* (inciso VI do art. 5º). Trata-se de nosso pensamento e nossa tomada de decisão sobre qualquer assunto ou comportamento. Na liberdade de consciência se inclui a convicção sobre inúmeros assuntos com os quais deparamos. Como dissemos, interagimos com o mundo e ele nos atinge de muitas formas. Reagimos a tais provocações. Absorvemos lições que o mundo nos dá. Formamos opiniões sobre todos os assuntos que nos cercam.

Hoje em dia, podemos ter convicção sobre preconceitos, escolhas sexuais, ideologia política, forma de criação de filhos, como se estrutura o ensino e como ele é dado nas escolas, sobre partidos políticos, sobre comportamento dos atores sociais etc. Vamos *tomando consciência* de todas essas coisas e vamos formando convicção sobre tudo. Decidimos em nosso interior sobre os mais diversos assuntos.

Consciência é foro íntimo. São convicções que formamos sobre todos os assuntos com que temos contato. São escolhas internas que fazemos diante das contradições da vida. Por inúmeras vezes, as matérias que se nos apresentam são bastante diversas e sobre elas efetuamos escolhas que atendem a nosso interesse, por compatibilidade com os valores que elegemos.

Essa liberdade é indevassável pelo poder público.

Pelos mesmos argumentos, é inviolável a liberdade de crença, ou seja, nossa opção religiosa. Seja qual for nossa formação religiosa, que igualmente é íntima, nada poderá restringir ou eliminar nossa crença.

24.2. A liberdade pessoal extrovertida. A liberdade não pode estar apenas em nossa intimidade sem que a possamos explicitar em nossos comportamentos e obras. Se firmamos convicções por força de nossos estudos, de nossas leituras, de nossa ideologia, devemos agir de acordo com elas.

Temos, portanto, algumas situações que nos atingem e com o passar do tempo, por força do que vamos entendendo da realidade, formamos nossa *consciência*. Com base nisso exteriorizamos nossa consciência ou nossas convicções no relacionamento social. Nada nem ninguém nos pode impedir de sermos marxistas, liberais, nazistas, fascistas, socialistas, seja lá o que for. Ninguém pode nos compelir a formar convicções diversas daquelas que professamos.

A legislação ao mesmo tempo que garante o exercício da liberdade de consciência e de crença, tal como consta do inciso

VI do art. 5º da Constituição, nos permite que a professemos perante a sociedade.

Daí surge a liberdade de *pensamento* (inciso IV do art. 5º da Constituição). Aqui, já não é o pensamento interior que forma a consciência, mas a *manifestação do pensamento*. Não há possibilidade de censura. Se temos convicções sobre determinados assuntos, podemos e devemos transformá-los em pensamentos e emiti-los. Assim, se tenho convicções marxistas, posso defender as ideias explicitadas pelo grande sociólogo e filósofo, falando sobre elas, expondo-as em seminários, simpósios etc. Ninguém poderá tolher minha liberdade.

Da mesma maneira, "é livre a expressão da atividade intelectual, artística, científica e de comunicação, independentemente de censura ou licença" (inciso IX do art. 5º da Constituição Federal).

Assim, o produto de minhas ideias a respeito de problemas políticos, religiosos, jurídicos, sociológicos etc., pode ser divulgado sem qualquer receio. Há uma carapaça que protege o indivíduo contra qualquer tipo de restrição de explicitação das expressões intelectuais. Nenhum exercício de poder de polícia é possível.

A lei pode dar um contorno jurídico para o exercício de tal liberdade. Ela predefine e giza os limites de seu exercício.

Como vivemos em sociedade e sob determinado Estado, este direciona como se dará tal explicitação da liberdade. Tudo depende dos termos em que é vazada a Constituição. Depende do país para sabermos de que forma foram delimitados os direitos e as garantias constitucionais. A leitura da Constituição é que vai nos informar sobre a maior ou menor liberdade em que foram estabelecidos os direitos e sua forma de exercício.

Em livro anterior estudamos como se origina e como se estabelece o Estado. Sustentamos que tudo depende do grupo que detém o poder. Qual a ideologia do grupo dominante e como delimita o exercício dos direitos. Podemos nos defrontar com uma ideologia liberal que tudo permite, mas que nada garante no aspecto social, ou com uma ideologia restritiva de direitos, mas que destina recursos à diminuição das desigualdades.

Tudo depende de como cada Estado se organiza e se estrutura. Tudo decorre da ideologia que domina o grupo no poder.

Assim, o Estado agirá de acordo com o governo. Este é o grupo que domina. Pode produzir um pouco mais ou um pouco menos de direitos. Poderá utilizar as normas jurídicas para iludir o povo e deixá-lo pensar que pode fazer uma série de coisas. Pode distribuir cestas familiares ou básicas com o que logrará reduzir as desigualdades. Pode buscar eliminar a pobreza, mas manterá sempre as rédeas da dominação. Não quer o povo famélico, mas não o quer disputando espaços públicos.

O governo é formado por seres humanos e, pois, com todos seus defeitos e virtudes. Cada integrante do governo agirá de acordo com suas intenções, sua ideologia e suas convicções pessoais sobre os diversos assuntos que lhe são submetidos. Há o chefe. E a ele todos devem obediência. Seja presidente, primeiro ministro, ditador, este deterá o *jus vitae et necis* sobre todos. Obviamente no sentido moderno. Não será mais o direito de morte violenta, mas o direito de decidir o que é bom e o que é ruim para o país.

A fase do direito de morte violenta ficou no passado (ainda subsiste em alguns países da África e da Ásia). Existe por outras formas, não violentas, mas nem por isso menos restritivas de direitos.

24.3. A liberdade coletiva. Ao lado da estrita liberdade íntima de pensamento e consciência, temos o que podemos rotular de *liberdade coletiva*, isto é, quando explicitamos nossas convicções em pequenas rodas, em círculos mais fechados. Não ainda para toda sociedade.

Assim, numa academia científica, por exemplo, podemos manifestar livremente nossa ideologia e captar simpatia para ela. Nossos pares poderão rebatê-la com argumentos contrários. Surge o embate. O outro, como se viu, igualmente pode emitir suas opiniões.

Numa reunião de condomínio, cada qual pode expressar sua opinião sobre os problemas internos. A liberdade é garantia. Questões internas dizem respeito a todos e cada qual pode externar sua posição.

Numa universidade, os professores têm garantidas à liberdade acadêmica e suas posições sobre os diversos assuntos específicos de cada faculdade. Podem expor livremente suas ideias. Não pode haver policiamento ideológico. O que vale é a liberdade de pensamento. O embate de ideias é salutar e imprescindível para a formação psicológica de cada aluno. No campo jurídico, cada qual expressa sua convicção sobre os artigos da Constituição e sobre questões legais que surgem. No mundo científico, as opiniões são as mais diversas e nunca se está fechado para qualquer controvérsia ou surgimento de novas descobertas.

24.4. A liberdade pública. Foucault e a parresia. Abordamos a liberdade individual, a coletiva e, agora, detenhamo-nos sobre o que se rotula de *liberdade pública*. Em *Íon*, Eurípides retrata a lenda de que este nasceu de amores violentos entre Apolo e Creúsa. Como não podia ser vista, teve seu filho em uma caverna. Apolo pede a Hermes que leve seu filho à sua casa (o Oráculo de Delfos). Lá, Íon é criado. Creusa casa-se com Xuto, estrangeiro, que se torna rei em Atenas. Ambos desejam um filho, mas não o têm. Vão até o oráculo para consultá-lo. Xuto indaga se terá um filho. O oráculo diz que o primeiro jovem que ele avistar será seu filho. É Íon. Xuto propõe que este o acompanhe para herdar o reino.

Como esclarece Foucault (2010, p. 77), Íon se recusa a ir para Atenas, porque, sendo filho de estrangeiro, não poderá ter a palavra livre. Assim, em Atenas não poderá "exercer um direito político fundamental: o direito de falar, de falar à cidade, de dirigir à cidade uma linguagem de verdade e uma linguagem de razão, que será precisamente uma das armaduras essenciais da *politeía*, da estrutura política, da Constituição de Atenas".

Há, pois, o direito fundamental: o de falar em e ao público. É o que Foucault rotula de *parresia*. É a fundação da fala franca. "A *parresia* é, portanto, em duas palavras, a coragem da verdade naquele que fala e assume o risco de dizer, a despeito de tudo, toda a verdade de que pensa, mas é também a coragem do interlocutor que aceita receber como verdadeira a verdade ferina que ouve" (FOUCAULT, 2011, p. 13).

É verdade que o conceito de liberdade para os gregos tem sentido diferente. Em primeiro lugar, a *democracia* grega era restrita à elite (dela estavam excluídos estrangeiros, menores, mulheres e escravos), o que limita o espaço público apenas a uma parte da população. O mesmo ocorre em Roma. Os patrícios é que dominavam (não os escravos, estrangeiros e mulheres), tinham o uso do espaço público. Era a classe privilegiada (GIORDANI, 2012, p. 223). Como se sabe, a história de Roma tem três etapas bem definidas: realeza, república e império. Cada qual tem suas características, mas, de modo geral, o *povo romano* era constituído pelos que tivessem o *direito de cidadania*. O cidadão completo possuía os direitos civis e os direitos políticos.

De qualquer maneira, sempre houve dominação de um grupo ou de alguém sobre todos. Os direitos eram negados e a grande luta da humanidade é não apenas por ter direitos, mas que eles sejam iguais para todos. É briga eterna.

24.5. Liberdade negativa e liberdade positiva. Isaiah Berlin. Isaiah Berlin fez interessante distinção entre *liberdade negativa* e *liberdade positiva*. "Diz-se normalmente que alguém é livre na medida em que nenhum outro homem ou nenhum grupo de homens interfere nas atividades desse alguém" (BERLIN, 1969, p. 136). Acrescenta: "A liberdade política nesse sentido é simplesmente a área em que um homem pode agir sem sofrer a obstrução de outros" (idem, ibidem, p. 136).

Como diz Scaff:

> É nesse contexto que, em 1810, surge o livro *Princípios de política aplicáveis a todos os governos*, do belga, posteriormente naturalizado francês, Henri-Benjamin Constant de Rebecque (1767-1830), um ácido crítico de Rousseau, em especial de sua concepção de *vontade geral* ancorada no *povo*, e árduo defensor das liberdades individuais. Nesse livro surgem as ideias centrais de um famoso

discurso que proferiu em 1819, denominado *A liberdade dos antigos comparada à dos modernos*, no qual busca demonstrar 'como a noção de *vontade geral* de Rousseau havia sido empregada por Robespierre e outros para transformar a Revolução Francesa no Reino do Terror'. (SCAFF, 2018, p. 167)

Toda a argumentação desenvolvida foi no sentido da inadequação da tentativa de instituir o sistema antigo de liberdades em um contexto moderno, e a perversão gerada por tal fato. Daí por que liberdades individuais refletindo direitos individuais seriam sacrossantas mesmo na presença da vontade popular.

A *liberdade positiva* "tem origem no desejo do indivíduo de ser seu próprio amo e senhor. Quero que minha vida e minhas decisões dependam de mim mesmo e não de forças externas de qualquer tipo. Quero ser instrumento de mim mesmo e não dos atos de vontade dos outros homens" (idem, ibidem, p. 142).

A liberdade positiva responde à indagação: "Por quem devo ser governado?" e a negativa à indagação: "Até que ponto devo ser governado" (ob. cit., p. 26).

Imaginativamente, identifica a quantidade de portas que deva abrir para exercer sua liberdade.

24.6. Liberdade e pobreza. Karl Marx. Zigmunt Bauman.
As palavras são antinômicas. Excludentes. A primeira pressupõe o desaparecimento da segunda. A pobreza significa que as pessoas são excluídas dos bens da vida. Pouco importa estudar as suas causas. Ela surgiu ao longo da história mundial, consolidou-se como nódoa na vida das nações e subsiste, sem embargo de toda discussão econômica.

Não se trata de analisar as origens do capitalismo e sua perversão lucrativa em qualquer hipótese. Não se cuida, também, de estudar as frustrações comunistas de uma sociedade absolutamente igualitária, com desaparecimento do Estado e apenas uma classe.

Se o capitalismo tem como objetivo principal e único a multiplicação do capital e a garantia do lucro, falsa é a assertiva de que deixando o capital produzir riquezas, fatalmente a sociedade soluciona os problemas de sempre, desemprego, fome e desesperança. O capital tende a se acumular cada vez mais. Sempre. Não há outra preocupação. Claro que, em se reproduzindo, pode ocasionar um maior nível de emprego e, para os empregados, uma melhoria de vida. Mas, insista-se, falsa é a premissa de que o aumento do capital possa resolver os problemas sociais. É que o empresário não está preocupado com o desnivelamento social. Sua preocupação é com o aumento de seu patrimônio e do lucro.

Nesse ponto é que prepondera a lição de Karl Marx (1985, p. 70) ao identificar o caráter fetichista da mercadoria. O caráter místico da mercadoria não provém de seu valor de uso, mas

> do fato de que ela reflete aos homens as características sociais do seu próprio trabalho como características objetivas dos próprios produtos de trabalho, como propriedades naturais sociais dessas coisas e, por isso, também reflete a relação social dos produtores com o trabalho total como uma relação social existente fora deles, entre objetos. (ob. cit., p. 71)

A mercadoria substitui o homem. Diz Marx: "Aqui, os produtos do cérebro humano parecem dotados de vida própria, figuras autônomas, que mantêm relações entre si e com os homens" (idem, ibidem).

Ocorre a desumanização do processo produtivo. É a reificação, a coisificação. É um hieroglifo social. Desaparece o ser humano e surge a mercadoria como transfiguração.

Bauman (2010, p. 27) chamou-o de "parasitário".

De outro lado, também a utopia socialista naufragou, como instrumento de igualdade da sociedade. Mas vamos dar um nome a isso. Se rótulo de socialismo, na esteira de Bauman (ob. cit. p. 26), "uma sensibilidade ampliada para a desigualdade, a injustiça, a opressão e a discriminação, humilhação e negação da dignidade humana" pode-se aceitar o rótulo. Prossegue o autor dizendo que uma posição socialista "significa opor-se e resistir a todas essas atrocidades quando e onde elas ocorram, seja qual for o motivo em nome do qual sejam cometidas e quaisquer que sejam suas vítimas" (idem, ibidem).

Igualmente não se perquirem os motivos das desigualdades. Rousseau tentou fazê-lo. Aponta alguns dados. Em verdade, como escreve, os animais já nascem com seu *software*, isto é, nascem prontos. Sempre foram os mesmos, embora possam ter diferenças pontuais, por força do ambiente em que vivem, como deixou claro Darwin.

Os homens, prosseguindo com o raciocínio, não são iguais e não atendem a impulsos automáticos. Nascem diferentes e diferentes seguem na vida. Cada qual com sua compleição própria. Cada um de uma forma, como demonstram suas impressões digitais e seu rosto. É incrível como, na multiplicidade exaustiva e inesgotável, cada qual tenha uma face diferente do outro. O DNA comprova a individualidade. Logo, impossível utilizar a régua de Lesbos para que todos sejam absolutamente iguais.

Assentemos, pois, que a desigualdade é natural. Desigualdade física, no entanto. Ela se reflete na vida. Cada um tem seu QI, seus mecanismos psíquicos, seus hábitos e comportamentos. O *id* freudiano nos revela uma pessoa a cada dia.

Então, dúvida não há: somos desiguais. Por que, então, falar em quebra das desigualdades e construção de um mundo mais igual?

É que estamos num mundo humano. Não de sentimentos, por ora, mas de pessoas que nascem com uma mente dotada de razão, o que nos diferencia dos animais. Se é assim, já que somos dotados de razão, esta nos propicia que pensemos. Podemos procurar o distanciamento do outro e da sociedade. Mas, de qualquer forma, somos iguais na razão. Não igualdade natural, volto a afirmar, mas em igualdade física.

O que leva homens desiguais a se reunirem e formar uma sociedade? Na Antiguidade dizia-se que era natural que tivesse havido um agrupamento, porque eles solucionavam problemas que não resolviam individualmente. A origem da sociedade teria ocorrido de forma normal (Platão e Aristóteles). Com o advento do cristianismo, a união dos homens em Estados acontecera por força da vontade divina. Assim, Deus teria juntado os homens e mulheres que viveriam em comum, por força da obediência e da adoração a um ser transcendente.

Posteriormente, ideias surgiram no sentido de que os homens são reunidos em obediência a uma vontade única ou de um grupo. Assim, se teriam formado as hordas bárbaras de Átila com os hunos, os xoguns, os príncipes da Idade Média e os reinos poderosos de Carlos Magno, Napoleão, Hitler etc. A origem seria a *vontade* poderosa de alguém ou de um grupo que se imporia a todos.

Vê-se que a desigualdade, agora *social*, está em todos os tempos. No início, a escravidão (imposição de uns sobre outros), o vassalo e o escravo da Idade Média, a conquista (incas, maias e indígenas brasileiros e de toda América), depois o período de colonização (sujeição do europeu sobre populações inteiras na América Latina e na África) e, em seguida, as guerras (de todos contra todos).

Apura-se, então, que tudo contribuiu para que nascessem, não apenas a desigualdade, mas a ganância, os desacertos pessoais de cada qual, as pulsões incontroladas, os desejos, a cobiça, a cupidez, todas as deturpações de caráter, que levaram ao nascimento da pobreza. A avidez com que se acumula o lucro, o egoísmo da propriedade, a ambição de ter cada vez mais levam a uma apropriação do resultado social para alguns membros das diversas sociedades.

O empoderamento do Estado envolve a exclusão dos outros. O controle da vida pública se dá pela manipulação da vontade de todos. Discursos recheados de promessas e de utopias, de benefícios sociais que jamais se realizam, tudo leva ao domínio dos poderes do Estado em detrimento da massa. Esta sente-se abandonada e busca conforto ora na religião (com o que se acomoda, ópio do povo disse Marx) ou pretende um acerto de contas em outra vida (hinduísmo) e, pois, se contenta com o que tem.

A marginalização surge, então, potente. O poderoso se apropria da estrutura do Estado e a movimenta de acordo com seus interesses. Os poderes do Estado são tomados, seja por autoritarismo (ditaduras ou discursos vazios de conteúdo, mas que logram captar a simplicidade e a inocência da grande maioria), seja por regras democráticas, mas ludibriadas por manobras que fornecem o controle dos processos eleitorais. Normalmente surgem seres messiânicos (Collor no Brasil, Chavez na Venezuela, Fidel em Cuba) que logram assumir o poder com compromissos *populares* de casa própria, assistência médica, escola gratuita etc.

A população percebe abismo que a separa dos mais ricos e/ou se acomoda ou surgem as revoluções (França, 1789; Rússia, 1917) e outro grupo assume (excluem-se os reis, assume o Terror e, depois, Napoleão, e voltam os reinados e os ditadores, até que se chega à república; na Rússia saem os czares e entram os bolcheviques).

O que sempre ocorre, pois, para terminarmos essa digressão, é que se vê a constante alteração de mando nos diversos sistemas políticos existentes e suas formas de governo e de Estado. Em verdade, sempre alguém assume o poder (por virtude ou fortuna diria Maquiavel) e impõe a ideologia de seu grupo.

À margem de tudo fica a grande massa popular. Esta luta, primeiro, pela própria subsistência, depois, por alguma conquista social. Mas ao lado de uma possível classe média, há uma grande horda de abandonados que vivem em cortiços, casas de pau a pique, de latas, ou vagueiam pelas ruas das grandes cidades em busca de algum alento para sua vida.

Milhões de desempregados ficam vagando. Sem rumo. Daí a cruel indagação que se pode fazer: têm liberdade?

Sem dúvida alguma, a miserabilidade, a fome, o abandono moral e social, a exclusão social são fatores que inibem qualquer tentativa ou perspectiva de liberdade.

Liberdade pressupõe escolhas. Alternativas. Como aquele que não tem qualquer possibilidade de inclusão pode se dizer livre?

24.7. A liberdade em Édipo Rei de Sófocles. Sófocles fez infindáveis questionamentos sobre a liberdade em sua peça *Édipo Rei*. Édipo nasce em Tebas, filho de Laio e Jocasta. Como havia a previsão do oráculo de que o rei seria morto por seu filho, o casal dele se desfaz. É entregue a um pastor para que o deixe no campo para morrer. O pastor se condói. Entrega-o ao rei Políbio, de Corinto que o criou como filho.

Édipo, ao saber que mataria o pai, foge de Corinto. Numa encruzilhada, encontra-se com uma caravana. Após discussão, mata todos. Segue para Tebas e lá decifra o enigma da Esfinge, que lançara praga sobre Tebas. Ao chegar, casa-se com a rainha e torna-se rei.

Segue sua sina. Tem com Jocasta, a rainha, quatro filhos. Nova praga recai sobre Tebas. Depois de muitas tratativas, discussões, acusações, chega-se à conclusão de que o rei – Édipo – é o causador da desgraça que assola a cidade: di-lo Tirésias, o cego adivinho. Ao saber que tinha matado na encruzilhada seu pai e casado com sua mãe, Édipo se desespera e fura os olhos.

O trágico da vida é que Édipo encontrou seu destino. As palavras do oráculo se confirmaram. Não havia como fugir de seu destino. Estava traçado. O oráculo já o previra. Triste sina do rei. Não pode mudar sua sorte.

Ao lado de tantos outros questionamentos que Sófocles coloca em sua peça, ao lado do sentimento trágico, há o sentimento da inalterabilidade da vida.

O personagem trágico não dispõe de sua vontade. Não pode escolher. Não tem *liberdade*. Sua sorte já está traçada. Como disse Aristóteles, a tragédia significa que o agente se supera. Sua dimensão fica maior do que é o homem na realidade. Enquanto a comédia diminui o homem, a tragédia o engrandece.

Em *Édipo Rei* o destino está traçado pela vontade dos deuses. Como conflitar com eles. Já afirmaram que os fatos se passarão de determinada maneira. Impossível divergir ou mudar os acontecimentos. Estes ocorrerão independentemente da vontade da pessoa.

Na tragédia de Sófocles, não há que falar em liberdade. É o que se pode chamar de *fatalidade*. Em tal situação existem forças transcendentes que interferem em nossa vida, prefixando o destino. Na *Ilíada* e na *Odisseia* de Homero os exemplos se multiplicam. Os deuses a toda hora interferem, seja nas batalhas de Troia, seja na viagem de retorno de Ulisses.

Em Troia, os deuses tramam a sorte de seus protegidos. Páris é um deles e a toda hora Athena o auxilia. No embate com Menelau, é retirado da batalha numa movimentação de nuvens. Ulisses a toda hora se vê perseguido por Poseidon que muda sua sorte.

No Olimpo, as Moiras ou Parcas traçam a sorte de todos. Cloto segurava o fuso (aparelho que solta a linha), Láquesis enrola e puxa os fios e Átropos corta a linha, pondo fim à vida. A dimensão desta era dada pelas donas do destino.

De outro lado, há a *necessidade* que igualmente interfere em nossa vida. Por *necessidade* entende-se a realidade existente que independe de nós. Noite e dia se sucedem sem nossa participação. É o mundo que existe. Simplesmente.

O mais é *contingência*. É o imprevisível. É o fático que ocorre a todo instante.

Na "Ética a Nicômaco", Aristóteles afirma que é livre quem tem a possibilidade de agir ou não. A pessoa é agente de sua decisão. A *liberdade* é, então, a alternativa de escolhas possíveis. Ato voluntário. O agir está no interior da pessoa. Diz Marilena Chauí (2002, p. 360) que "na concepção aristotélica, a liberdade é o princípio para escolher entre alternativas possíveis, realizando-se como decisão e ato voluntário".

Outra concepção advém da filosofia estoica. Aceitam a decisão como fundamento da liberdade, mas não provém de ato interno, mas de um todo. O todo é o mundo em si. Não uma decisão destacada de tudo e de todos, mas englobada numa série de circunstâncias, tais como a natureza, a cultura ou a estrutura econômica. Spinoza fala em natureza como o deus de tudo; Hegel aloca o mundo na cultura e no espírito, e Marx nas forças econômicas. Não é mais o indivíduo que escolhe, mas as forças preponderantes.

24.8. Liberdade superadora de obstáculos. A falta de liberdade só se apresenta quando sou compelido a ter um só comportamento. Não tenho alternativas. É a consciência da falta de liberdade.

Alguns autores dizem que a liberdade é sempre em relação a alguma coisa, a alguma sujeição. Mas, como diz Guiorgui

Plekhanov (2006, p. 112) "a liberdade é a necessidade feita consciência". Diz que o ladrão não é livre para roubar, como não sou livre para passar fome ou morar sob um viaduto. "Este é um aspecto da liberdade, de uma liberdade nascida da necessidade. É a necessidade feita liberdade" (ob. cit., p. 113).

Daí os tipos de liberdade estudados. Não apenas uma libertação interna, de consciência, mas externa em relação a outros.

25. A miserabilidade como limitação da liberdade.

Se me vendo como escravo, isso significa que sou livre? Se aceito uma ditadura e concordo com ela, significa que foi livremente? Se me submeto a todos os instantes, significa que sou livre? A ausência de cidadania, a falta de participação, a não fruição de serviços públicos, a ignorância, a falta de assistência médica, morar em situações sub-humanas, não ter com que se alimentar, isso reduz a liberdade?

Parece que a resposta evidente para tais questões é que ninguém pode dispor de sua própria vontade para se submeter a outro e que viver em condições de miserabilidade é causa sensível de desigualdade e, por consequência, de liberdade. Isaiah Berlin (1969, p. 30) descreve a situação:

> Se um homem é muito pobre ou muito fraco para uso de seus direitos legais, a liberdade que esses direitos lhe conferem não significa nada para ele, mas não é, dessa forma, aniquilada de propiciar oportunidade para o desenvolvimento das artes e das ciências, de impedir normas legais, sociais ou políticas reacionárias ou desigualdades arbitrárias, não se torna menos rígida pelo fato de não dirigir-se necessariamente à promoção da liberdade *per se*, mas a condições em que somente a posse de liberdade é de valia, ou a valores que podem existir independentemente da liberdade.

Amartya Sen (2002, p. 29) aponta o que rotula de *privação de liberdade* e explica as grandes fomes coletivas que continuam a ocorrer em diversas regiões do mundo. A subnutrição, o pouco acesso a serviços de saúde, saneamento básico ou água tratada, tudo leva a impor a privação da liberdade.

Em verdade, a liberdade não está na imaginação nem tem significado etéreo. Está aqui entre nós. Se alguém não tem condições mínimas de subsistência digna, não há que falar que tenha liberdade. Esta pressupõe ação. Não é meramente estática, ou não agir. Liberdade é essencialmente a possibilidade que tenho de agir.

26. O Direito Financeiro e as desigualdades sociais.

O Estado define suas prioridades na Constituição e nas leis. Elege valores que reputa imprescindíveis para a vida em comum e os consagra em texto normativo. Não importa o governo que vier, as diretrizes estão traçadas. Resta segui-las. Claro está que, dependendo da ideologia dominante, os meios serão deferentes, bem como a forma de conduzir as políticas públicas.

Ao elaborar o Plano Plurianual que regulará a Lei de Diretrizes Orçamentárias e, na sequência, a Lei Orçamentária Anual, o governante revela a marca que o identifica. O destino de verbas públicas para embelezar um bairro nobre aponta para uma política liberal (que não leva em conta o ser humano como objetivo principal), enquanto a alocação de verbas para reestruturar um bairro carente e pobre revela outro tipo de identidade ideológica.

Seja um seja outro, o governo terá à disposição receitas para atender às despesas públicas com as finalidades previstas no orçamento e nas leis.

Em nossa óptica, o Estado deve amparar as classes menos favorecidas da sociedade. Primeiro, atendendo a situações emergenciais, tais como saneamento básico (há bairros que estão abandonados e córregos onde são despejados dejetos de toda ordem, inclusive excrementos, repletos de ratos e baratas, além de pernilongos que infestam a vida dos indivíduos), segurança, saúde etc.

A população de tais bairros está absolutamente abandonada à sua própria sorte. Não tem onde procurar ajuda. Os prédios públicos do município e do Estado pululam de servidores não qualificados. Os aparelhos estatais estão distantes das necessidades públicas (hospitais, escolas, delegacias etc.). O povo fica inerme.

Os abastados não necessitam exatamente dos serviços prestados pelo Estado. Basta que não os incomodem. Têm planos de saúde privados, segurança particular, ruas bastante iluminadas, o que inibe a criminalidade, veículos blindados e rios e córregos canalizados nas proximidades de sua casa. Logo, há que direcionar os recursos públicos para quem realmente deles têm necessidade.

Quando, pois, da elaboração orçamentária, peça fundamental no Estado de direito, o legislador há que ter sensibilidade para direcionar os recursos para as áreas mais carentes do Município, do Estado e do país. A alocação de recursos deve antecipar os reclamos que fatalmente aparecem, especialmente em época de eleições. Fora daí os ouvidos são moucos.

É inequívoca a relação do orçamento com a pobreza e a miserabilidade. A peça orçamentária, nesse passo, é imprescindível para equilibrar as desigualdades sociais. No Brasil, são de tal monta que é desnecessário detalhar. Basta caminhar pelas ruas das grandes cidades. Falando de São Paulo, basta visualizar o amontoado de seres humanos que jazem pelas ruas. Verdadeiros molambos vagando, os olhos esbugalhados. Sem rumo. Sem caminho. Sem esperança. A eles, nem Pandora pode conceder um resto de bondade.

É, pois, necessário que o orçamento seja elaborado tendo em vista a realidade social. Não é um mero plexo de normas que se submete a um processo próprio de aprovação. É uma lei cheia de vida e que pode, à imagem de Pandora, legar um pouco de esperança para a população abandonada.

O Direito Financeiro tem papel preponderante nas democracias modernas. Dentro de suas atribuições está a organização da vida financeira e econômica do país por meio dos orçamentos. Estes é que preveem a captação dos recursos e sua destinação para o atendimento das finalidades sociais.

As decisões nele insertas são fruto do pensamento governamental quanto às metas a serem atingidas.

O orçamento, em tal passo, é o instrumento procedimental para que o governo possa interferir na vida social e atingir os dados mínimos para dar dignidade às pessoas. Por meio dos tributos abastece seus cofres.

Conclusão inarredável é que o Direito Financeiro é um poderoso instrumento de equilíbrio social. Cabe ao legislador, dentro de sua competência constitucional, alocar recursos para o atendimento das *diferenças sociais*. Desnecessário demonstrar os problemas por que passa a sociedade brasileira. Está repleta de pobreza. A olhos vistos. O desequilíbrio é patente. Se assim é a força do direito deve suplantar divergências ideológicas e interesses mesquinhos. O legislador tem de manter sua nobreza e destinar recursos para onde são necessários.

Com tal providência é que se pode iniciar mudança na realidade. Esta é aviltante. É questão de política de governo, mas também de Estado trazer solução para problemas de tal gravidade. É a subsistência da população. É alistar-se no combate ao consumo de drogas. É introduzir boa dose de humanismo com que estender a mão para os outros.

Ocorre que o problema não é somente do Legislativo. O Executivo tem sua dose maior de responsabilidade ao encaminhar o projeto de lei orçamentária. A destinação de verbas deve partir dele. A previsão dos recursos orçamentários decorre, antes de mais nada, de uma decisão política do governo. Passa pelo legislador que pode alterar, aqui e ali, algum ponto das propostas.

Fixadas as diretrizes orçamentárias e determinado o gasto público, cabe a fiscalização posterior por parte dos Tribunais de Contas, a quem compete não apenas verificar o controle dos gastos, mas direcioná-los e verificar o exato dispêndio.

Não podem fugir igualmente da responsabilidade o Ministério Público e a Defensoria Pública. Como órgãos do Estado cabe-lhes também o dever de fiscalizar o gasto e imiscuir-se nos problemas sociais, não apenas para verificar o exato cumprimento do quanto determinado no orçamento, mas também para sugerir redirecionamento na alocação de despesas. Fácil é quedar-se de braços cruzados e entender que o problema é dos outros.

Por fim, o Judiciário igualmente tem sua parcela de colaboração no âmbito das políticas públicas. Não é apenas controlar a constitucionalidade das leis, mas intervir onde os recursos são precários, onde as necessidades públicas não são atendidas. Evidente que não age de ofício, mas, provocado, pode determinar as políticas públicas. Não que se deva imiscuir nelas, mas, se o Estado não cumpre as funções constitucionais, cabe ao Judiciário intervir, uma vez provocado, e determinar o cumprimento da Constituição.

Assim, a todos os brasileiros, titulares de cargos públicos ou não, mas de qualquer forma integrantes de uma dada realidade social, cabe intervir, seja como iniciador das políticas públicas, crítico delas ou seu participante, e discutir as consequências da atuação do Estado.

Se o Estado não cumpre suas funções, por problemas ideológicos do governo, cabe postular alteração nas propostas governamentais, ou, então, ir ao Judiciário para discutir a efetiva prestação dos objetos traçados na Constituição da República. Já que República é cuidar da coisa pública, é dever de todos. Não vale a omissão confortável da crítica.

Em suma, o problema está no controle do poder. Havendo tal controle, as paixões poderão ser contidas, e o poder mais bem distribuído na sociedade. Isso será possível? A democracia tenta fazê-lo, mas em uma sociedade fortemente desigual poderá haver democracia, que é o efetivo convívio entre os diferentes – mas não entre os economicamente desiguais, pois, para estes, não haverá uma *liberdade igual*.

26.1. A incidência em serviços públicos. Como aplicação prática do que se vem afirmando, pode-se afirmar que há falhas em todo tipo de serviços prestados à comunidade pobre.

O saneamento básico não se faz ou é feito com problemático atraso. As pessoas ribeirinhas de córregos e fios de água suportam todo tipo de mau cheiro, ratos, baratas e pernilongos. É uma crueldade.

O transporte coletivo é precário. Ônibus sujos e ultrapassados. Ainda que se estabeleça que deva haver uma reposição quinquenal dos veículos, nada disso ocorre na periferia. Pode ser que isso se cumpra no centro das cidades ou nos chamados bairros nobres, mas não onde está quem mais precisa deles.

A educação padece do mesmo mal. Escolas sujas, pichadas, carteiras quebradas, professores despreparados, falta de livros e cadernos. Banheiros imundos e segurança precária. Os prédios são mal construídos e o perigo ronda as escolas com a distribuição e venda de drogas de toda ordem. Normalmente é o *crack* que está nos portões das escolas e é vendido por adolescentes.

Na saúde, como se analisou e deixou claro, nos hospitais, prontos socorros, UPAs etc., há congestionamento de pessoas. Claro, se a saúde é precária e faltam remédios, a conclusão evidente é que não há adequado destino de recursos para o atendimento de tal finalidade. Peca o Estado; pecam os governantes.

O serviço de iluminação é bem prestado em determinadas áreas das cidades, enquanto em outras é bastante precário (claro, nas áreas mais pobres).

A segurança pública está longe dos lugares que dela mais necessitam. O policiamento ostensivo está nos bairros chiques e endinheirados das grandes e médias cidades; praticamente inexiste na periferia. Há determinados lugares em que domina o banditismo, grupos de extermínio, milícias e organizações criminosas. Ali, o policiamento oficial não entra.

A realidade orçamentária reflete tais circunstâncias. As dotações de verbas para tais lugares são ínfimas, em relação a outros que recebem fartas destinações.

É que tanto quanto outras leis, a orçamentária está submetida aos grupos de dominação do Congresso Nacional.

27. A ignorância com as desigualdades.

Há verdadeira desconexão entre as necessidades da sociedade e o que vem previsto nas leis orçamentárias ao longo do tempo. Ainda que possa haver previsão de recursos para investimento no desequilíbrio social, as verbas ou são contingenciadas ou negligenciadas pelos diversos governos. Independentemente da ideologia que os domina.

O pobre não tem alternativa. Se assim é, falta-lhe liberdade. Não tem opções. Não pode escolher. Dificilmente consegue galgar degraus da prosperidade para diminuir a desigualdade em que se encontra. O estigma de se manter à margem da sociedade prossegue.

A população periférica é constantemente ignorada. Claro que se faz alguma coisa, mas absolutamente insuficiente para resolver todos os problemas de abandono a que se acha relegada a grande maioria da população carente. Os marginais continuam marginais. É fato que os religiosos ensaiam alguns passos em direção ao suprimento das grandes carências dos mais pobres. Mas é quase nada. Segmentos da sociedade movimentam-se para amenizar as dores humanas. Mas é pouco.

Impõe-se a efetiva alocação de recursos na prestação de serviços públicos descritos no item anterior, acrescentando a cultura e outras necessidades.

É assim que os problemas não são resolvidos. É assim que passam os governos. É assim que a grande maioria da população continua marginalizada. Pior, escravizada, já que a pobreza é ausência de liberdade.

28. Como aplicar a justiça ao homem-farrapo abandonado pela sociedade?

Uma das indagações cruciais é o papel do homem-farrapo diante das injustiças sociais. São flagrantes. Horríveis. Normalmente, não nos importamos com eles. Viramos as costas para o abandonado para que não nos fira o sentimento. Jamais perguntamos: o que temos com tudo isso?

Há o direito à revolta? O que ocorre se o homem-farrapo ofende? Se ataca? Se agride alguém? Ou se, simplesmente, estando com fome, furta qualquer alimento para saciá-la?

O problema é o do fetichismo da mercadoria. Esta é uma coisa necessária, útil ou agradável para a vida (MARX, 1986, p. 31). Ocorre que uma vez produzida ingressa no mercado e, a partir daí, passa a ser a coisa principal da vida, abstraído o ser humano que a produziu. O importante é a mercadoria e não o homem.

Aí ocorre o problema principal: o homem-mercadoria ou homem-farrapo que existe na sociedade, mas não é visto como tal. A revolta é natural, salvo se houve a desumanização do humano. Caberia o despojamento da propriedade do outro para satisfazer sua necessidade? Sem dúvida que sim. Cabe, aqui, a violação da propriedade. Ocorre aí o que Hegel chama de *violação infinita do ser* (HEGEL, 2003, p. 113).

Jamais podemos condenar aquele que, para subsistência sua ou de sua família, ataca a propriedade alheia para se alimentar. A violação da propriedade se dá apenas num sentido limitado. A necessidade é extrema. A busca por um pão jamais pode caracterizar agressão ao ordenamento jurídico.

CAPÍTULO II
A MULHER NO DIREITO

CAPÍTULO II
A MULHER NO DIREITO

1. Propósito. Shakespeare. Eurípides. Chimamanda.
O segundo capítulo deste livro tem por escopo indagar sobre a situação da mulher perante o Direito Financeiro. É uma das desiguais, mas merece análise à parte. Os estudiosos têm se debruçado sobre a situação do feminino no Direito Civil (a família, o casamento etc.), no Direito Penal (feminicídio, aborto etc.), no Direito do Trabalho (diferença em comparação ao homem na prestação de serviços em situação de risco, horário de trabalho etc.) e também em outros ramos da indagação jurídica.

O que se busca discutir é se o fato de ser mulher causa alguma diferença na previsão das receitas orçamentárias ou nas despesas. O legislador vê-se obrigado a estabelecer alocação de recursos para atender a mulher em face de danos físicos e morais (agressões que sofre por parte de parceiros), criando-se a Delegacia da Mulher? Deve haver previsão para atender a mulher em casos de aborto praticado na estrutura dos serviços de saúde? Na assistência social, as creches devem ser contempladas com vagas para que as mulheres possam trabalhar fora de casa ajudando na despesa doméstica? Deve haver recursos orçamentários para atender a operações em casos de transexualidade?

Em que medida é o legislador compelido a estabelecer diferenças de tratamento entre gêneros para fixar obrigações no gasto público?

Shakespeare, em *Hamlet* disse: "Fragilidade, seu nome é mulher". A literatura a via assim. De outro lado, Ísis-Ártemis portava um véu. Diziam que era tão bela que "que é por ser ela de tal modo bela e brilhante, mais que o sol, que só é possível vê-la no reflexo de um espelho" (HADOT, 2006). O autor estudou a ideia da natureza. Nesse passo, a história se confunde com a da mulher que não pode ser desvelada.

Eurípides, em *Hipólito*, escreveu duramente sobre a mulher. Começa por dizer: "Ó Zeus, por que este fraudulento mal aos homens, as mulheres, à luz do sol instituíste?" (versos 616/617). Os homens "em casas livres de mulheres habitariam" (verso 624) e isso porque "a mulher é um grande mal" (verso 630). Prossegue em suas invectivas dizendo que "aquele que recebe a ruinosa criatura em sua casa regozija-se em acrescentar ornamento ao seu ídolo, belo ornamento à coisa mais vil" (versos 631/633). Pede ao deus "que em minha casa nunca haja alguma senhora que reflita mais do que convém à mulher" (verso 641). Conclui: "Nunca estarei farto de odiar as mulheres, nem se alguém disser que sempre falo disso", e que "alguém as ensine a ser ponderadas ou permita-me pisoteá-las para sempre" (versos 665/668).

Bastante dura a peça de Eurípides, mas pondere-se que Fedra, a personagem, trai o pai de Hipólito, o rei Teseu, mas apaixona-se por ele e, após matar-se, deixa uma tábua de mensagem ao rei, dizendo que fora violentada por Hipólito. O pai, então, expulsa Hipólito da cidade e o amaldiçoa, pedindo justiça a Poseidon que mata Hipólito com um vagalhão.

Goethe saudou-a em versos (*A arte*). Plutarco (*Isis et Osíris*, mencionado por Hadot, p. 286) assim descreve: "Eu sou tudo que foi, tudo que é e tudo que será, e meu véu, nenhum mortal ainda o suspendeu". A mulher é o segredo não revelado da natureza. Infelizmente, o homem a desnatura, serve-se dela, submete-a.

As mulheres nem sempre foram vistas como *sui juris*, mas na Antiguidade eram tidas como *alieni juris*, ou seja, destituídas de direitos. Eram excluídas de qualquer atividade em público. A esfera pública era reservada aos homens. Aliás, a ausência destes na participação da *polis* era vista como indignidade.

Na Idade Média não eram consideradas. Eram simples instrumentos de reprodução.

Com o advento da Modernidade, momento base do término da Idade Média, as mulheres continuaram desconsideradas.

Há poderosos exemplos de mulheres notáveis que se fizeram respeitar e passaram a fazer parte da vida política e muita tinta foi derramada sobre suas atividades, como analisaremos ao longo deste trabalho.

Chimamanda Nbozi Adichie (2019, p. 26) fala sobre a *história única* que cria estereótipos e estes fazem com que "uma história se torne a única história" e a consequência disso é que "ela rouba a dignidade das pessoas" (ob. cit. p. 27). As histórias que são contadas criam verdades sociais, baseadas na superioridade masculina, no poder de decisão dos homens, na inferioridade da mulher, em sua sujeição. Elas passam a ser únicas e verdadeiras, retirando o questionamento de tais decisões.

É porque tudo vem preparado para que "nos relacionamentos, [seja] a mulher quem deve abrir mão das coisas". Nas aparências, "o paradigma é masculino" (ob. cit., p. 40). "Por séculos, os seres humanos eram divididos em dois grupos, um dos quais excluía e oprimia o outro" (ob. cit., p. 43). Diz-se que a mulher "é subordinada ao homem porque isso faz parte de nossa cultura" (ob. cit., p. 47).

Ao longo da vida, pois, as meninas foram acostumadas a obedecer, a sempre se colocar em posição subalterna, a subtrair-se das coisas da vida para dar lugar aos homens. A sociedade, então, reconhece sua superioridade, baseada, historicamente, na força física. Hoje, vale a força intelectual, a cultura, o conhecimento, mas o costume, o hábito e a repetição de comportamentos ainda dão ideia de superioridade ao homem.

Ocorre que apenas na contemporaneidade é que passaram a ter direitos e a serem reconhecidas como iguais aos homens em direitos e obrigações. Luta pela participação política (conquista do voto), pelo trabalho fora de casa, pela igualdade de salários e vencimentos, pelo comportamento social, tudo é obra dos tempos recentes.

Este estudo busca indagar como isso ocorreu e qual sua repercussão no Direito Financeiro, em termos de receita e despesa pública.

2. Algumas palavras sobre o método. Bourdieu. Foucault.

O caminho inicial é buscar a trajetória da mulher ao longo da história. Pesquisar sua colocação em algumas sociedades da Antiguidade, vê-la na Idade Média e nos aproximarmos da Idade Moderna. Realizar, pois, uma incursão histórica, mas não como mero dado descritivo. Buscar compreender a colocação da mulher na evolução dos diversos estágios históricos.

Comparar a situação feminina com a dos homens e, também, mais modernamente, com as mudanças de gênero. Homens em corpos femininos e vice-versa. A inadequação psicológica e a rejeição da sociedade sabidamente machista. Como diz Pierre Bourdieu (2010, p. 82): "A dominação masculina, que constitui as mulheres como objetos simbólicos, cujo ser (*esse*) é um ser-percebido (*percipi*), tem por efeito colocá-las em permanente estado de insegurança corporal, ou melhor, de dependência simbólica: elas existem primeiro pelo, e para, o olhar dos outros, ou seja, enquanto objetos receptivos, atraentes, disponíveis".

Acrescenta o autor: "Delas se espera que sejam 'femininas', isto é, sorridentes, simpáticas, atenciosas, submissas, discretas, contidas ou até mesmo apagadas; e a pretensa 'feminilidade' muitas vezes não é mais que uma forma de aquiescência em relação às expectativas masculinas, reais ou supostas, principalmente em termos de engrandecimento do ego. Em consequência, a dependência em relação aos outros (e não só aos homens) tende a se tornar constitutiva de seu ser" (ob. cit., p. 82).

Conclui o autor: "Como em certos tipos de racismo, ela assume, no caso, a forma de uma negação de sua existência pública, visível" (ob. cit., p. 144).

Como relata o autor, a mulher passa a ser objeto manipulável. É a partir daí, inclusive de seu inconsciente, que temos de pesquisar.

A arqueologia foi vista como disciplina dos monumentos mudos e de rastros inertes. Ora, sabidamente é muito mais que isso. A arqueologia busca os fundamentos da história, sua base e a partir daí procura uma interpretação etnológica e antropológica da humanidade. Foucault aponta que se deve libertar de noções que diversificam o tema da continuidade, como a tradição (FOUCAULT, 2017, p. 25). Depois, reconstituir o passado com base no que dizem documentos históricos. "A história mudou sua posição acerca do documento: ela considera como sua tarefa primordial não interpretá-lo, não determinar se diz a verdade nem qual é seu valor expressivo, mas sim trabalhá-lo no interior e elaborá-lo" (ob. cit., p. 7). O documento não é mais matéria inerte, mas busca definir relações, conjuntos e significados.

Como aplicar tal orientação no tema que se analisa? Buscar a origem da situação social da mulher. Localizá-la no tempo e no espaço. Estudar escritos sobre isso. Verificar qual é o tratamento que teve ao longo da história. Não como mera descrição de situações. É buscar extrair dos documentos das peças histórias (trágicas ou cômicas), dos escritos de História, de análise dos grandes pensadores e daí interpretar e reinterpretar a mulher nos dias de hoje.

Como disse Foucault: "A arqueologia busca definir não os pensamentos, as representações, as imagens, os temas, as obsessões que se ocultam ou se manifestam nos discursos, mas os próprios discursos, enquanto práticas que obedecem a regras" (ob. cit., p. 167).

Iniciaremos por aí. Onde começa a mulher. Como inicia sua colocação em papel secundário (seria a Bíblia um indício, por ter a mulher ludibriado o homem no começo de sua existência?).

Utilizaremos a pesquisa *arqueológica* dentro de outro contexto, a saber, buscar as raízes e os documentos que embasaram a mulher até que ela se tenha tornado, como disse Bourdieu, uma forma de negação de sua existência visível. A mulher se apaga de si ou é diminuída pelo homem. Dotado de força física maior, domina o espaço privado e, na sequência, investe sobre o espaço público, deixando a mulher relegada a segundo plano, tanto no lar como na vida pública.

Assim, indagaremos peças teatrais, obras de literatura, documentos escritos no percurso da história, para chegarmos a uma compreensão da mulher no mundo de hoje.

Claro que a indagação tem um viés do ângulo financeiro. A indagação é salvá-la de qualquer resquício de necessidade de amparo, para torná-la uma igual. Em todos os sentidos. Especialmente nos aspectos políticos, sociais e jurídicos.

É essa a perspectiva da análise. Antes, temos de ver como se solidifica o preconceito.

3. O preconceito. Agnes Haller.

O estudo que se inicia tem um viés de preconceito. Há sempre a rejeição de um argumento, não da óptica racional, mas de conhecimento equivocado que é adquirido e que se transmite a gerações futuras. Estas recebem a noção massificada pela incultura e a lega a seus sucessores. O importante e difícil é libertar-se de conceitos arraigados, de estereótipos impingidos na sucessão de gerações.

A crença equivocada se solidifica. Como diz Agnes Heller (2008, p. 71),

> o preconceito pode ser individual ou social. O homem pode estar tão cheio de preconceitos com relação a uma pessoa ou instituição concreta que não lhe faça absolutamente falta a fonte social do conteúdo do preconceito. Mas a maioria de nossos preconceitos tem um caráter mediata ou imediatamente social. Em outras palavras: costumamos, pura e simplesmente, assimilá-los de nosso ambiente, para depois aplicá-los espontaneamente a casos concretos através de medições.

Em outro contexto diz que "a maioria dos preconceitos, embora nem todos, são produtos das classes *dominantes*, mesmo quando essas pretendem, na esfera do *para-si*, contar com uma imagem do mundo relativamente isenta de preconceitos e desenvolver as ações correspondentes" (ob. cit., p. 77). Ora, conclui a autora: "O fundamento dessa situação é evidente: as classes dominantes desejam manter a coesão de uma estrutura social que lhes beneficia e mobilizar em seu favor inclusive os homens que representam interesses diversos" (idem, ibidem).

Vê-se, pois, que o mundo dominado pelos homens cria preconceitos, ideias preconcebidas sobre determinados assuntos, a mulher como instrumento de Satã, que é fruto de todo o mal, a partir da Bíblia, que pratica a bruxaria; tudo mobiliza a sociedade a manter tais crenças.

As crenças na inferioridade da mulher passam de geração em geração, de momentos ideológicos para outros, de forma a aperfeiçoar o raciocínio de que a mulher é o fruto de todo o mal.

Convém, pois, analisarmos, de forma arqueológica, no dizer de Foucault, as origens de tudo isso e como isso se reflete na sociedade moderna.

4. A mulher na Antiguidade. Finley. Lefèvre. Giordani. Platão (Menexeno). Auffret. Subalternidade. Aspásia. Hiparquia e Hipátia de Alexandria. Safo de Lesbos.

A mulher é um *homem* como os outros, já se disse. Sua estrutura feminina é organicamente diversa da do homem. Cada qual tem suas características próprias.

No mundo grego a mulher era excluída de qualquer atividade na polis. Equiparavam-se aos escravos, às crianças e aos estrangeiros (FINLEY, 1998, p. 36; 213). Observa François Lefèvre (2013, p. 100) que as "mulheres são mantidas à margem e sua participação limita-se a manifestações religiosas". "O pai de família possui autoridade absoluta sobre os seus", afirma Mário Curtis Giordani (2012, p. 245).

A mulher, pois, não tinha qualquer participação política. Limitava-se à procriação, aos cuidados domésticos e religiosos.

É verdade que algumas mulheres se sobressaíram em termos sociais como veremos, o que apenas confirma a situação doméstica a que eram relegadas. No entanto, eram desprovidas de quaisquer direitos cívicos. Não eram cidadãs. Algumas exceções foram as *hetairas*, ou seja, estrangeiras prostitutas que se aliaram a grandes homens e passaram a ter papel significativo nas decisões políticas.

Aspásia foi uma delas. Amante de Péricles, que fez mudar a Constituição para reconhecer sua cidadania. Transformou sua casa em centro de reunião de grandes homens, como Fídias, Anaxágoras, Protágoras e Sócrates. Platão a consagra em *Menexeno*, em que Sócrates busca transmitir oração fúnebre que Aspásia proferira. Ao final, Menexeno afirma: "Por Zeus, Sócrates, de acordo com o que dizes, Aspásia é muito afortunada se, sendo apenas uma mulher, pode compor tais discursos" (249 d). Depois da morte de Péricles não mais se ouviu falar delas.

Filósofa adepta da escola filosófica cínica, Hiparquia foi outra grande mulher a se diferenciar na cultura grega antiga.

Hipatia, outra mulher de destaque, filósofa e astrônoma, mantinha uma escola e era filha do matemático Théon de

Alexandria. Como defendia ideias modernas e liberais, foi trucidada pelos cristãos fanatizados aos 40 anos.

Safo de Lesbos foi uma das grandes exceções. Mulher altiva e independente. Poetisa, artista e filósofa. Teria vivido com Kerkilas em relacionamento homossexual. Sua poesia é insinuante e amorosa. Como afirma Séverine Auffret (2018, p. 48), uma coisa é certa, à leitura: ela amou as mulheres de maneira sensual, apaixonada, física. Talvez homens também.[4]

5. A mulher na tragédia grega. Ésquilo. Sófocles e Eurípides.

5.1. Ésquilo. Ésquilo foi o primeiro dos trágicos. Escreveu obras notáveis. Em *Os persas*, o autor descreve a derrota de Xerxes que tentara invadir a Grécia. A grande personagem é Atossa, mãe de Xerxes que aparece como salvadora e invoca a presença de Dario, seu marido e ex-rei. Ao ser invocado do mundo dos mortos, volta e dialoga com Atossa, dando-lhe orientações. Atossa afirma: "Não abandonemos na desgraça o que mais amamos no mundo". Xerxes retorna e é amparado pela rainha.

Vê-se o grande caráter da mulher que não abandona sua família e ampara o filho na desgraça.

Outra excepcional tragédia de Ésquilo é a trilogia *A Oresteia*. Após a Guerra de Troia, Agamênon, rei e vitorioso, grande comandante da batalha, retorna a Argos, seu reino, trazendo Cassandra como prêmio pelo butim. Clitemnestra, esposa e rainha, espera o rei, mas com a intenção de matá-lo, buscando vingança, porque o rei mandara matar Ifigênia, filha do casal. Os navios aguardavam o sinal de partida, mas não havia vento. Consultado,

---

[4] "Une chose est sûre, à la lire: elle a aimé des femmes de manière sensuelle, passionnée, phisique. Peut-être des hommes aussi".

o Oráculo previu que, se o rei não sacrificasse sua filha, não haveria vento. O rei manda atirar Ifigênia de um penhasco, matando-a. Clitemnestra jura vingança.

O rei volta e Clitemnestra, que vivia com Egisto, mata o rei, ajudada pelo amante. Elimina também Cassandra, princesa de Troia. Electra, filha de Agamênon e Clitemnestra, busca vingança e chama Orestes, seu irmão que estava fora de Argos. Com sua volta, consuma-se a vingança e Orestes mata sua mãe e Egisto.

Em seguida, há a vingança das Erínias, deusas vingadoras de morte em família, que buscam Orestes para matá-lo. Ele se refugia e, contando com a ajuda de Apolo, logra defender-se. Athena, que tudo dirigia, indica doze homens para julgamento. O resultado é um empate. A deusa, então, decide em favor de Orestes. É a primeira decisão em que o empate beneficia o réu. É o julgamento de Athena.

A mulher tem forte influência na tragédia grega. Em primeiro lugar, Clitemnestra não aceita a decisão de Agamênon de sacrificar sua filha Ifigênia. Jura vingança. Depois, com o assassínio de Agamênon, Electra é quem busca a vingança contra a mãe. Mulheres de caráter forte que induzem os homens à prática de atos ilegais.

Vê-se a força persuasiva da mulher e sua participação decisiva na narrativa grega. Embora não tenha nenhuma influência política na vida da polis, passa a ter atividade marcante na intimidade da casa, com repercussão na vida política.

5.2. Sófocles. Nas *Traquínias* há o relato da vingança de Djanira, mulher de Hércules. Iludida pelo Centauro, que a presenteou com um peplo, antes de ser morto por Hércules, que lhe assegurou que, ameaçada em seu amor, teria de fazer Hércules utilizar o peplo. Djanira teve a notícia de que Hércules vinha trazendo junto de si uma mulher que seria sua amante. Entregue o peplo, ele o põe e este o sufoca, causando sua morte.

É a mulher procurando resguardar seu amor, preservá-lo e, na ação, causa a morte do ser amado. É o trágico.

Electra é outro texto excepcional. O tema foi tratado também por Eurípides. Em Sófocles, Electra é a instigadora da vingança contra a mãe que mata o pai. Indaga na obra: "Existe, pois, uma medida para o sofrimento?" Busca seu irmão, Orestes, para vingar a morte do pai realizada pela mãe.

É a força da mulher que age no cenário grego. Busca o irmão, incita-o a vingar o pai. Crisótemes, a irmã, tenta acalmar seu ânimo, mas isso a agita mais. A mulher, poderosa, domina os sentimentos do irmão.

A peça maior de Sófocles, no entanto, é "Antígona". Filha de Édipo e Jocasta vê seu pai ser consumido pela insanidade de ter matado seu pai e casado com sua mãe. Tragédia completa. Édipo (o pé inchado) era filho de Laio e Jocasta. Como havia a predição do Oráculo de que Laio seria morto por seu filho, ele, ao nascer Édipo, o entrega a um pastor e determina que seja morto. O pastor, condoído com a criança, entrega-o ao rei da cidade vizinha que o cria. Édipo cresce e, sabendo da maldição, foge do reino e foge para Tebas. Na encruzilhada, cruza com uma comitiva e, provocado, mata todos, inclusive o rei Laio, seu pai.

Indo para Tebas, cruza com a esfinge e decifra seu segredo. A esfinge morre. O prêmio era a mão da rainha. Casa-se com

Jocasta. Tem com ela quatro filhos (Antígona, Polinice, Etéocles e Ismênia). Surge uma praga na cidade e o Oráculo prevê que a causa está no próprio reino. Tirésias, o vidente cego, afirma que a causa da praga é o próprio rei – Édipo. Este chama o pastor para esclarecer e ele afirma que Édipo é o filho de Laio. Jocasta se suicida. Édipo fura seus olhos e refugia-se em Colono, na companhia de Antígona.

Assume o reino Creonte, tio de Antígona. Os irmãos dela debatem-se pela sucessão. Etéocles assume o reino e Polinice o reclama. Surge a guerra retratada em *Sete contra Tebas*, de Ésquilo. Os irmãos se defrontam e morrem. Creonte manda dar enterro nobre a Etéocles e manda deixar Polinice para que seu corpo seja devorado pelos animais.

Contra isso revolta-se Antígona e desobedece às ordens do rei, dando enterro ao irmão.

A peça é de uma dramaticidade gigantesca. Revela o caráter irresoluto de Antígona que enfrenta o rei. Afirma que a ordem do rei não pode revogar o direito dos deuses, isto é, de dar enterro digno a todos. Afronta a ordem, descumpre-a e morre em seguida.

A tragédia dá bem ideia da situação da mulher na Antiguidade grega. É fantástico o comportamento de Antígona que enfrenta o rei e suas ordens com o pretexto de defender seu irmão e dar-lhe enterro digno.

5.3. Eurípides. O terceiro grande trágico igualmente realçou a figura da mulher na sociedade grega. Dá sua versão sobre *Electra*. Em *As bacantes* retrata a mãe do rei que, iludida e enfurecida por Eros, dá morte ao filho. Fica transtornada ao retornar à sanidade.

Retrata em algumas de suas obras (*As suplicantes*, *As troianas*, *Andrômaca* e *Hécuba*) a situação das mulheres troianas após a derrota da cidade.

Em *Alceste* retrata a mulher que dá a vida pelo seu marido. O rei tinha a determinação de ser morto. Morre e busca retornar. Os deuses afirmam que se alguém morrer em seu lugar ele pode retornar. Alceste se oferece para dar vida a seu marido, um bom rei.

Vejam o caráter do personagem. A morte em troca da vida. Alceste, como personagem trágico, transcende a mulher. É heroína que se entrega à morte em benefício do reino e do rei, seu marido.

Em *As troianas* o autor cuida da vida das mulheres de Troia após a queda da cidade. Seriam distribuídas pelos heróis gregos. Há uma resolução de submissão ao destino. Cada qual é tomada por um herói grego e deve acompanhá-lo para seu reino.

6. A mulher na comédia grega. Aristófanes.

O grande cômico grego é Aristófanes. A crítica dirige-se à sociedade grega. Numa delas (*As nuvens*) o autor ridiculariza Sócrates. Em *Lisístrata*, peça de sabor humorístico incrível, ele sugere que, estando os homens em plena guerra e em débito conjugal, as mulheres fizessem uma greve. Greve do sexo: e só satisfariam os maridos se parassem a guerra. Com tal estratégia, elas conseguem cessar a batalha.

Vê-se o poder do sexo. A luxúria a que gregos estavam acostumados cessaria, caso não deixassem de lutar. Com tal providência, conseguem acabar com a guerra.

Em *Assembleia de mulheres* elas conseguem se disfarçar de homens, usando barbas. Nessa assembleia, reservada aos homens, elas proporiam entregar o governo da cidade às mulheres e votariam pela aprovação da proposta. No governo, não haverá mais mulheres exclusivas. As mulheres serão comuns a todos os homens. Não haverá prioridade sobre feios e feias. As crianças julgarão seus pais. Não haverá questões judiciais, pois ninguém terá necessidade de roubar ou de contrair dívidas.

Em *Tesmofórias* também as mulheres são aptas a administrar a cidade.

A comédia grega traz grande contribuição à participação das mulheres da via pública. Viam-se afastadas de qualquer atividade. A comédia critica os costumes. Aristóteles fala que a comédia rebaixa as pessoas, enquanto a tragédia as enobrece. De qualquer forma, é por meio do ridículo que se punem maus costumes.

7. Lendas. Mitos.

O mito retrata uma história passada e a faz reviver para explicação de fatos incompreensíveis. A origem do mundo, por exemplo, é retratada pelo caos originário e pelo surgimento de diversos deuses que dão uma compreensão dos fatos. As lendas explicam certas situações.

A cultura grega começa com a *Ilíada*, que conta a história da luta de gregos e troianos motivada pela sedução de Helena por Páris, que a rapta. Inicia-se, então, o confronto narrado por

Homero, ao lado da *Odisseia*. Com o término da guerra surge o butim das mulheres, o que enseja tragédias notáveis dos grandes clássicos, e na *Odisseia* surgem figuras femininas como Circe, as sereias e a paciência, esperteza e fidelidade de Penélope.

A situação de Pandora ilustra a ideia. Os homens, após perderem a esperança em tudo, vêm o renascimento das perspectivas boas por meio do mito de Pandora.

Platão, no *Banquete*, dá voz a Diotima, mulher sábia que explica a origem dos sexos. As mulheres são sempre colocadas em posição inferior.

8. A mulher em Roma. Rocha Pereira. Mary Beard. Suetônio. Veyne.

A situação da mulher não muda muito na Roma Antiga. Conquistada pelos romanos, a Grécia domina a cultura, a religião e os hábitos romanos. A mulher continua a ser alienada de todas as decisões políticas.

Inicialmente houve o *rapto das sabinas*. Os romanos não tinham mulheres em número suficiente. Oferecem uma festa aos sabinos e sequestram suas mulheres. Ao final, o confronto termina em acordo (PEREIRA, 2009, p. 28).

Houve o estupro de Lucrécia por Sexto Tarquínio, que significou o término do Reinado. Surge o Consulado. Neste, inúmeras mulheres tiveram forte influência, o que culmina com a República.

As mulheres, porém, nunca dominaram a vida pública. O início foi o Reinado; depois o consulado e, por fim, a República. Em qualquer sistema, nunca a mulher exerceu qualquer papel proeminente. Tinham influência nos bastidores e no lar. Jamais na vida pública. Eram inferiores no casamento e no recebimento de herança. O poder era masculino. Fustel de Coulanges (HEMUS, 1996, p. 71;72), em obra clássica – *A cidade antiga* – descreve todos os poderes atribuídos ao pai.

Há o caso dramático de Virgínia. Ápio Cláudio queria fazer sexo com ela e utilizou-se de todas as fraudes, inclusive imputando-a como escrava. Seu pai Lucius Virginius apanhou uma faca de açougueiro e apunhalou-a até à morte afirmando: "Estou libertando você, minha filha, do jeito que posso" (BEARD, 2017, p. 147).

O Imperador Cláudio ficou famoso, além de outras coisas, por ter como mulher Messalina, que foi vista como mulher insaciável (SUETÔNIO, 2002, p. 320). César repudiou Pompeia por suspeita de ela ter relacionamento com Clódio. Perguntado por que o fizera, respondeu: "Porque os meus devem estar isentos não só do crime, mas, também, da suspeita" (ob. cit., p. 73). Calígula, depravado, teve como amante sua irmã, Drusila, e Nero mata sua mãe.

As mulheres apenas tinham força nos bastidores das famílias ou atrás de seus maridos. Como diz Paul Veyne (2010, p. 77), na Roma Antiga o pai de família conduz a casa. À mulher cabia o cofre-forte e ser mãe de família era honrosa prisão. O concubinato era uma situação de fato, mas não desonrosa. "O concubinato é, em suma, um casamento impossível" (ob. cit., p. 79).

Acrescenta Peter Brown que ao final da República e começo do Império "as mulheres dos homens públicos eram tratadas como seres periféricos que não contribuíam em nada – ou bem pouco – para o papel público de seus maridos" ob. cit., p. 223).

9. O judaísmo.

O judaísmo traz uma mulher fenomenal. Lilith, segundo a mitologia judaica, foi a primeira mulher a se rebelar contra o tratamento que lhe foi dado por Adão. Quis variar posições sexuais, no que foi reprimida. Revoltou-se, então, impondo sua vontade e abandonando Adão, que depois se satisfez com Eva.

Judite foi grande heroína. Chegou ao acampamento assírio e matou o general Holofernes.

Salomé pede a cabeça de João Batista. Herodíades, sua mãe e irmã de Herodes, cede a seus caprichos. Herodes, que a cobiçava, promete tudo o que ela desejar. A cabeça de João Batista lhe é dada a ela.

Dalila trai Sansão, cortando seus cabelos e o entregando a seus algozes.

A rainha de Sabá vem da Etiópia e seduz Salomão. Este também se vê enfeitiçado por Sulamita, a quem cede tudo, como se lê no livro de Cantares.

10. O cristianismo. Le Goff.

A doutrina cristã igualmente abandona a mulher. Não lhe dá realce, reduzindo-a à *costela* do homem, meramente sua auxiliar, devendo-lhe obediência. Ainda que a Virgem Maria possa ter realce, ela não tem dignidade ou igualdade em relação ao homem. Todos os apóstolos foram homens. O grande propagador das ideias cristãs era também homem – Paulo.

As mulheres foram reduzidas a Verônica, que extraiu em pano brando o sangue que estava no rosto do Cristo (Verônica vem da deformação de *vera icona* do italiano).

O Concílio de Éfeso (431 d.C) é que proclama Maria mãe de Deus.

A grande mulher do cristianismo primitivo é prostituta – Madalena. Maria do Egito também o era antes de sua conversão.

Paulo proclama que "o marido é a cabeça da mulher" ("Efésios", 5/23). Le Goff (1964, p. 261) afirma que "parece que o cristianismo pouco fez para melhorar sua posição material e moral".[5]

11. O islamismo.

Na origem, o Islã foi uma doutrina de liberação da mulher. Havia, como se sabe, a infibulação, ou seja, o fechamento do canal vaginal para impedir a penetração, e toda prática de mutilação feminina, para sujeição à satisfação dos desejos do homem. Nesse sentido, a doutrina islâmica foi de grande libertação, porque proibiu toda prática de mutilações sexuais. Posteriormente, por interpretação errônea, o islamismo passou a colocar a mulher em lugar inferior.

De fato, o homem, por força das escrituras do Corão, pode ter quatro mulheres, se conseguir sustentá-las. O véu surge como proteção à mulher para que outros não a cobicem, segundo a tradição. O profeta teve a inspiração do véu quando se casa com Zeinab, sobre quem os homens colocavam olhares concupiscentes. O profeta, então, mandou que ela se cobrisse para não ser vista. Todo o corpo da mulher passou a ser vedado e privado.

O direito foi revelado ("charia"). O profeta, após a morte de Kadidja, casou-se com Aïcha.

---

5 "Il semble bien que le christianisme ait peu fait pour améliorer sa position matérielle et morale".

O *sufismo*, versão do Islã, admite mulheres em seus ritos.

Schéhérazade domina as mentes com sua sabedoria. O príncipe Xariar possuía as mulheres de seu harém e, após a única noite que passavam juntos, as matava. Scheherazade conseguiu encantá-lo, contando histórias durante várias noites (*As mil e uma noites*). Com isso, logrou casar-se com o príncipe.

12. O Egito. Heródoto.

Embora igualmente dominado pelos homens, dali surgiram mulheres notáveis. Hatchepsout, filha de Tutmósis I e da rainha Amósis, teve grande influência no governo. Viveu no começo do século XV a.C. e reinou cerca de 22 anos.

Nitócris foi outra rainha de grande influência (Heródoto atesta sua existência). Tornou-se rainha após a morte de seu irmão. Tinha o mesmo nome da rainha da Babilônia. Hábil, quando seu irmão morreu, fez construir uma tumba enorme e convidou todos os que a rodeavam para uma festa e, enquanto esta se realizava, fez fluir as águas de um rio, matando todos eles (HERÓDOTO, 2000, p. 315).

Nefertária foi outra rainha. Esposa de Ramsés II. Ajudou o faraó, fez realizar obras e ajudava a decidir questões de Estado.

Nefertiti foi rainha em 1330 a. C. Ficou famosa por força de seu marido, o faraó Akhenaton, que introduziu o monoteísmo no Egito. Adoravam Áton, ou o disco solar. Com a descoberta de seu busto, inteiramente gravado em ouro e que se encontra no museu de Berlim, sua fama espalhou-se por todo o mundo. É de uma beleza fantástica.

Cleópatra, igualmente rainha do Egito, tornou-se famosa por aproximar-se de Roma, tendo sido amante de Júlio César e com ele tido um filho. Foi a Roma, e exposta em exibição pública. Posteriormente, ficou amante de Marco Antonio (objeto de uma das grandes peças de Shakespeare), suicidando-se tão logo perdeu a batalha de Accio, juntamente com Marco Antonio. Teria sido picada, propositadamente, por uma cobra.

Brilhantes exceções, tais mulheres sagraram-se com destaque no meio de homens. Não se limitaram a assumir atitude passiva, mas agiram e tornaram-se grandes realizadoras no campo público.

13. A Mesopotâmia.

Na Mesopotâmia há a história notável de Zenóbia. Inspiradora de obra clássica do espanhol Calderón de La Barca. Filha de Antíoco, era de rica família. Dominava em Palmira (hoje Síria). O imperador Aureliano ficou apaixonado por ela. Entraram em guerra e o romano obteve vitória. Capturada, foi levada a Roma como espólio de guerra.

14. A mulher na Idade Média. O amor cavalheiresco. Maria de França. A Papisa Joana. Melusina. Joana D'Arc.

Maria de França foi a primeira mulher homenageada pelas canções amorosas. O "lai" era um tipo de música tocado com harpas e entoado com textos românticos. A "Canção de Roland" famosa na Idade Média relata corações destroçados, duelos de heróis e canções apaixonadas por formosas donzelas.

Surgiu a lenda da papisa Joana (AUFFRET, 2018, p. 209) que outra coisa não foi do que mera lenda. Jacques Le Goff (2009, 226) relata que

> a crença na Papisa Joana faz surgir então um novo objeto e um novo rito na liturgia pontifical. O objeto é um assento sobre o qual o novo papa, durante o seu coroamento, senta-se para que o

encarregado do rito possa verificar a sua virilidade no intuito de evitar o possível retorno de uma papisa. O rito é, portanto, um toque deste indivíduo no corpo do papa, destinado a confirmar se ele realmente possui partes viris.

As *fadas* povoaram o pensamento da Idade Média. Aliás, as crendices eram bastante comuns na época. Era o pensamento do povo que acredita em unicórnio, na Melusina, Merlin, Robin Hood etc. Daí o advento da Fada Morgana, necromante e astróloga, irmã do Rei Artur que o ajudou a curar-se quando ferido. Melusina esteve ligada à concepção e aos avatares da linhagem da Idade Média (ob. cit., p. 184). Era fada amorosa. Sua mãe casara-se com o rei da Albânia e o compromisso era que jamais a visse dar à luz. O rei rompe sua promessa e a punição de Melusina "consiste em se transformar em serpente todos os sábados" (ob. cit., p. 190).

Joana D'Arc foi heroína francesa. Traída, foi julgada e executada pelos ingleses com a conivência francesa. Terminou com a Guerra dos Cem Anos. Recebia inspiração divina, ao que dizia, e ouvia vozes que a levaram a apoiar o Delfim da França e colocá-lo no trono.

Como diz Le Goff (1964, p. 261), "que a mulher seja uma inferior, isso é fora de dúvida".[6]

Silvia Federici, em notável livro (*Calibã e a bruxa*), faz excelente estudo sobre a situação da mulher, o uso do corpo e o advento e a exploração capitalista. Diz que a breve história das mulheres e da acumulação primitiva enseja a construção de nova ordem patriarcal "que tornava as mulheres servas da força de

---

6   "Que la femme y soit une inférieure, cela est hors de doute".

trabalho masculina, foi de fundamental importância para o desenvolvimento do capitalismo" (FEDERICI, 2018, p. 232).

O advento das bruxas envolveu a caça a elas. "Agora, a mulher era a criada, a escrava, o *súbuco* de corpo e alma, enquanto o diabo era, ao mesmo tempo, seu dono e senhor, cafetão e marido" (ob. cit., p. 336; 337). O ditado era: "prostituta quando nova, bruxa quando velha".

O livro de Federici é um candente ataque a todos os preconceitos e invenções que cercaram e cercam a mulher em seu estigma de subalterna, de prostituta e de bruxa.

Como esclarece Marvin Perry (1999, p. 161), "a sociedade feudal era um mundo predominantemente masculino. As mulheres eram consideradas física, moral e intelectualmente inferiores aos homens e estavam sujeitas à autoridade masculina".

Mulheres acusadas de feitiçaria participavam do sabá (foram obrigadas à confissão), que impunha um encontro com o diabo, realizando profanações de ritos cristãos, práticas antropofágicas, orgias sexuais e banquetes. Por trás disso, relata Carlo Ginzburg (2012), há uma história de exclusão social praticada contra as mulheres.

Quem efetuou excepcional análise da situação da mulher no início da idade moderna foi Stuart Mill.

15. John Stuart Mill.

Uma das mais notáveis obras escritas sobre a mulher foi a de Stuart Mill, cujo título é *A sujeição das mulheres* (2006). É incrível como a mente privilegiada pode ter feito uma análise sobre a situação feminina naquela época. A obra foi escrita em 1869.

Busca explicar e compreender os motivos da desigualdade social a que foi submetida a mulher durante toda a via. Aduz que não encontrou qualquer prova razoável do desequilíbrio. O argumento central é de que os homens têm direito de mando, porque se sustenta na teoria do direito do mais forte (ob. cit., p. 40). Mas o ônus da prova é de quem alega e não há sustentação possível. O sistema desigualitário "jamais resultou de uma deliberação ou reflexão prévia" (p. 40). Assim, "convertem o fato físico num direito legal".

A mulher estava reduzida à situação do escravo. Pior, foi ela sancionada pela Igreja (p. 47). A opressão é humilhante (p. 50). Como a sujeição é universal, "o que daí se desvie é, evidentemente, visto como uma anormalidade" (p. 55).

Alega-se que a obediência é voluntária (p. 56), o que jamais se demonstrou. O que ocorre é que se utilizaram da educação para esse objetivo (p. 59). Alega-se que não se pode deixar a mulher decidir sozinha, porque fará asneiras. A liberdade, diz o autor, é a única opção para colocar o poder nas mãos dos melhores (p. 65). Afirma que "é perfeitamente supérfluo impedir as mulheres de fazer algo que elas não sejam, por natureza, capazes de fazer" (p. 82) e o que se pede é que "as presentes regalias e leis protecionistas a favor dos homens sejam abolidas" (p. 82).

O capítulo segundo do livro cuida do estatuto legal da mulher e analisa o que denomina contrato de casamento. Há restrição patrimonial, já que não pode dispor do que é seu, não tem direitos em relação aos filhos, deve obediência ao marido e só pode fazer o que ele autorizar. Escreve: "a igualdade das pessoas casadas perante a lei não só é o único modo de harmonizar tal relação específica com justiça para os dois lados, conduzindo assim à felicidade de ambos, mas também o único meio de tornar a vida quotidiana da humanidade, num qualquer sentido elevado, uma escola de cultura moral" (p. 113). É que a religião contribui com a desigualdade ao determinar que as mulheres devem obedecer aos maridos, como afirma São Paulo.

No capítulo terceiro estuda os motivos pelos quais as mulheres não podem assumir encargos de negócios ou cargos estatais. Nunca se fez concurso, porque haveria concorrência em pé de igualdade. Mesmo assim, como era impedida de realizar estudos, as desigualdades subsistiriam (p. 127). Embora assim fosse, no âmbito da realeza, grandes rainhas se destacaram em relação aos homens (p. 131; 137).

No último capítulo indaga sobre quais os benefícios da igualdade. Afirma que seria benéfico para a humanidade em que outros cérebros pudessem estar em seu auxílio. Conclui o texto com notável frase: "O princípio do movimento moderno na moral e na política é o de que só a conduta, e nada mais do que ela, confere direito ao respeito: o que não é o que os homens são, mas sim aquilo que fazem, que autoriza a sua pretensão à deferência dos outros; e, acima de tudo, que é no mérito, e não no nascimento, que se funda a única reivindicação legítima de poder e autoridade" (p. 189).

O texto de Mill é notável a cada página. Analisa os desencontros sociais e políticos que levaram à desigualdade entre os sexos de forma surpreendentemente moderna, com visão de humanista. Replica todos os argumentos e analisa a realidade inglesa e mundial de maneira sobranceira e coloca por terra toda a falácia das afirmações até então tidas como verdades eternas. É obra que deve ser permanentemente lida nos tempos de hoje.

15.1. O Renascimento e o Iluminismo. Pico della Mirandola. Montesquieu. A Renascença italiana inicia-se no século XV e segue até o século XVII, quando irrompe o Iluminismo. A sociedade tem perspectiva secular. Abandona credos passados. O individualismo caracteriza a Renascença.

O movimento intelectual que marca o Renascimento é o Humanismo, que se caracteriza pelo retorno à cultura grega e romana. Petrarca é chamado o "pai do humanismo". Surgem o *Discurso sobre a dignidade humana*, de Pico della Mirandola, os estudos políticos de Nicolò Machiavelli, e brota, em toda sua inteireza, a arte, com Botticelli, Da Vinci, Michelangelo e Rafaello di Sanzio.

A Igreja buscava parâmetros para sustentação, quando surge Lutero e rompe com a tradição. O luteranismo ganha foros de rompimento. Surge a reação católica (a Reforma). Descoberta de novos mundos, nações prosperam e agigantam-se em seu poderio bélico.

Advêm conhecimentos novos em relação ao mundo e ao universo. Surge o Iluminismo, cujos pensadores buscam formar uma sociedade mais racional e humana. Diderot, D'Alambert, Voltaire, Montesquieu, Hobbes, Locke e outros grandes pensadores buscam alterar o mundo e vê-lo segundo um pensamento racional.

Séverine Auffret (2018, p. 305) ressalta que Diderot critica a crueldade das leis civis sobre a mulher, que é tratada como crianças, mas, de outro lado, diz: "Oh, mulheres, vois sois crianças bem extraordinárias".[7] Significa que, mesmo os autores mais avançados em termos de racionalismo, desconsideram o papel da mulher na sociedade. Montesquieu comenta a esperteza da mulher. Indaga: "Imaginas, Ibben, que uma mulher quer ser a amante de um ministro a fim de se deitar com ele? Que ideia! É para lhe apresentar cinco ou seis petições todo dia pela manhã" (MONTESQUIEU, 2005, p. 153). Em outro tópico, indaga se a lei natural submete as mulheres aos homens. Responde: "Não – dizia-me outro dia um filósofo galantíssimo com as mulheres – a natureza jamais ditou uma lei nesses termos" (ob. cit., p. 60). Conclui que "o domínio masculino não existe em todos os países, mas o da beleza é universal" (idem, ibidem).

Voltaire, em seu dicionário filosófico, no verbete "Mulher", faz análise de sua situação e critica Montesquieu que no *Do espírito das Leis*, baseado nos filósofos gregos, afirma que a mulher não era digna de participar do verdadeiro amor. Diz Voltaire (2008, p. 405): "É um equívoco que não é praticamente perdoável senão num espírito como o de Montesquieu, sempre levado pela rapidez de suas ideias, muitas vezes incoerentes". É que o homem se tornou senhor da mulher pela força, afirma (p. 406). Lembra a lei sálica que afastava a mulher de ocupar cargos no reino da França.

Começa a ser rejeitada a crença da natureza pecaminosa do homem. Humanizam-se as penas com Beccaria (*Dos delitos e das penas*).

---

7   "Ô femmes, vous êtes des enfants bien extraordinaires.".

E as mulheres, como ficam? Nada muda. É que o mundo continuava dos homens. A religião as colocava em segundo plano e os pensadores não despertaram para a nova realidade. Nos séculos XVII e XVIII a situação da mulher melhora. Como diz Norbert Elias (2011, p. 179),

> em algumas sociedades são feitas tentativas de estabelecer uma regulamentação social e controle de emoções muito mais forte e consciente do que o padrão até então predominante, um padrão de modelação que impõe renúncias e transformação de impulsos ao indivíduo, com vastas consequências para a vida humana que ainda mal são previsíveis.

Séverine Auffret (2018, p. 333) afirma não ser de espantar a presença de mulheres libertinas no período do Renascimento (ob. cit., p. 333).

16. A Revolução Francesa.

Embora se pudesse supor que a Revolução Francesa pudesse dar nova visão sobre o papel da mulher na sociedade, quem a fez foram os homens, que se revezaram no comando dos desatinos cometidos. Marat, Robespierre, Danton, todos imprimiram suas próprias ideias. Mas foi uma mulher que pôs fim a Marat (Charlotte Corday).

Embora dela participasse, a mulher foi desconsiderada, a partir de Maria Antonieta que foi guilhotinada juntamente com o marido (Luis XVI).

17. A Primeira Grande Guerra. Voto feminino.

As nações desenvolveram-se rápida e aceleradamente, fazendo nascer a pretensão de dominação sobre outros Estados. Surge a guerra. Em nada a situação da mulher se vê alterada.

Antes dela cresce a indignação das mulheres sobre sua situação social. Em 1867 John Stuart Mill propõe estender o direito de voto às mulheres, mas seus colegas rejeitam a proposta. Lydia Becker e Emily Harding começam a encorajar as mulheres britânicas na luta pelo sufrágio. Em 1918 as mulheres com mais de trinta anos ganharam o direito ao voto na Inglaterra. A idade foi reduzida para 21 anos em 1928.

18. A Segunda Grande Guerra. O advento do comunismo.

Nenhum desses eventos melhora a situação da mulher. A Segunda Grande Guerra causou pouco impacto em tal problema. O comunismo, embora tivesse como essência a ideia de igualdade de sexos, colocou a mulher em segundo plano. O grande vigor vem com Rosa de Luxemburgo.

O fascismo e o nazismo não realizaram qualquer movimento para libertar a mulher.

19. A literatura libertina. Sade. Choderlos de Laclos. Virgínia Wolf. Georg Sand.

O marquês de Sade é o exemplo típico. Em seus notáveis livros mostra toda a dimensão do sexo sem limites. Em *Filosofia na alcova*, retrata os ensinamentos a um jovem que deve aprender toda a arte do sexo, do sadismo e do masoquismo. Tanto em *Justine* como em *Juliette* o erotismo domina.

Não se pode esquecer Choderlos de Laclos e sua *Ligações perigosas*, na qual retrata a conquista da mulher apenas pela conquista. Nem por amor. Apenas aventura. É o desenho da libertinagem dos costumes de Valmont e Madame Merteuil. O grande Mozart imortalizou Don Juan em sua ópera cômica. Casanova foi o grande conquistador igualmente só pela conquista.

Virgínia Wolf, em 1928, publica seu *Orlando*, romance de transmutação de sexo. No século XIX, George Sand com *Gabriel* igualmente trata do tema. Ela escreve *Indiana* com um sentimento não racional, mas com profundo e legítimo senso da injustiça e da barbárie das leis que regem ainda a existência da mulher no casamento, na família e na sociedade. Sand teve vida bastante tumultuada com uma série de amantes homens (Musset, Liszt e Chopin) e mulheres (Marie Doval e Marie d'Agoult). Victor Hugo igualmente retratou uma série de mulheres e conviveu intensamente com elas.

Zola criou *Nana* e a luxúria (1879). O auge vem com *Madame Bovary* de Flaubert. Para não falar dos romances notáveis de Balzac.

20. A utopia feminina. Auffret.

Dizem que o inventor de tal expressão foi Charles Fourier. Anota Séverine Auffret (2018, p. 395): "Um belo elo existe entre utopismo e feminismo – pois o feminismo é uma utopia e que ficará enquanto o conjunto de direitos das mulheres não for conquistado".[8]

Utopia significa *nenhuma parte*.

Não é isso que buscam as mulheres. Como passaram por todos os séculos em posição secundária, buscaram, ao longo deles, ações afirmativas que lhe dessem lugar não superior, mas igual no mundo dos homens. Liberdade, em tal sentido, é fundamental. A busca pelo comportamento livre de peias. Explicitação de ideias. Expectativas que são frustradas e que devem

---

[8] "Un beau lien existe entre utopisme et féminisme – car le féminisme est une utopie et le restera tant que l'ensemble des droits des femmes ne leur sera pas acquis.".

ser restauradas. Luta pela participação política. Possibilidade de oportunidades no mundo econômico e empresarial.

Fourier fala no *falanstério*, que seriam cooperativas de produção e de consumo, sem qualquer distinção entre mulher e homem. Propugnava total liberdade sexual da mulher. Substitui as perversões por fantasias, todas permitidas. Proudhom, seu contemporâneo, rejeitou tais ideias.

21. Flora Tristán. Louise Michel. Rosa Luxemburgo. Frida Kahlo. Simone de Beauvoir.

A primeira publica, em 1838, *Peregrinações de uma pária*, retratando sua viagem ao Peru. Foi visitar um tio e eventualmente receber alguma herança. Teve participação ativa na política. Briga ao lado dos operários. Antes de Marx. Morreu com 41 anos, mas deixou legado bastante forte de sua luta pela independência das mulheres e pela ativa participação nos destinos políticos dos países. Verdadeira revolucionária, teve sua vida contada em obra clássica de Mário Vargas Llosa (2003).

Outra grande mulher foi Louise Michel. Filha ilegítima participa ativamente da Comuna de Paris (1870). Poetisa e ativista política, foi deportada para Nova Caledônia. Aproveitou seu exílio para conhecer outros povos igualmente explorados. Declarou-se anarquista. Morreu em Marselha e seu enterro foi seguido por cem mil pessoas.

Uma das grandes e notáveis ativistas foi Rosa Luxemburgo. Natural de Lublin, na Polônia, sob dominação russa, tinha vontade política inabalável. Desde 17 anos começou discussões sobre política. Estudou economia política e tornou-se marxista. Participou da criação do Partido Social Democrata da Polônia.

Casou por contrato com um médico alemão para poder militar no Reich. Presa em 1906 e depois libertada, rompe com Kautski por causa de seu reformismo. Liga-se a Karl Liebknecht e funda o Movimento Espartaquista. Escreveu obras notáveis como *A crise da social democracia*. Foi presa e executada com 49 anos.

Frida Kahlo era mexicana. Artista, ligou-se a Diego Rivera. Produziu obras notáveis em sua casa. Cedo sofreu uma trombada com um ônibus e teve seu corpo quebrado em diversos lugares. Viveu fortemente seu mal. Submeteu-se a diversas operações e não parou de pintar. Sua pintura é o retrato de como ela própria se via. Rivera era comunista e ela aderiu à causa, amparando Trotski quando foi perseguido por Stalin. Teve vida sexual bastante ativa, tanto com homens como mulheres, inclusive com Trotski.

Modernamente, o grande nome da revolução feminina foi Simone de Beauvoir. Conhece Sartre em 1927 e terão uma vida juntos ainda que sem relacionamento sexual. Alguns afirmam que tal não ocorreu, ao menos no início. Depois, fizeram um pacto. Cada qual teria sua vida própria. No entanto, sempre estavam juntos e cada um podia fazer o que quisesse. Simone teve diversas paixões femininas, como também masculinas. Vivem intensa vida não apenas literária, mas política. Ligam-se a Camus, Lacan, Picasso e outros grandes nomes da cultura da época.

Publicou diversos livros, mas sua obra prima é *O segundo sexo*. Participou ativamente da revista *Temps Modernes* idealizada por Sartre. Há discussões se o "segundo sexo" é uma obra feminista. Parece-nos que a solução há de ser positiva. A obra tem um relato histórico sobre o envolvimento da mulher ao longo dos tempos e aponta soluções e saídas para que a mulher ocupe seu lugar na sociedade. A moral existencialista dá o tom do enfoque. A obra é composta por dois tomos. O primeiro se ocupa do destino, história e mitos. O segundo da experiência. Adota o feminismo radical. Não nos parece que seja obra existencialista, mas os ensinamentos de Sartre estão por ela espalhados.

22. 1968. Ano de conquistas?

O ano de 1968 foi uma data histórica, não só na França, mas em todo o mundo. "É proibido proibir" foi o slogan que avançou na luta por conquistas de libertação feminina. Surgem grandes temas até então proibidos: aborto, relação sexual livre, homossexualidade, igualdade, participação política, tudo estava em jogo. Somente em 1944 foi dado direito ao voto. Em alguns países a participação ainda é restrita. O franquismo na Espanha aboliu todas as conquistas até então obtidas.

Betty Friedan inicia participação efetiva nos Estados Unidos da América. A igualdade de homens e mulheres apenas foi proclamada pela ONU em 1948.

O tabu da virgindade começa a ceder. A masturbação passa a ser conversa que já não ofende e é debatida em programas de educação sexual e nas escolas.

Nos Estados Unidos, o movimento *Women'Lib* toma corpo. Outros movimentos americanos denunciam a dimensão sexual da opressão feminina. Na Europa, o movimento de 1968 mexe com todos os tabus então existentes. Rompe como preconceitos e há uma contestação genérica sobre o modo de vida.

Houve a publicação de um manifesto (chamado de 343) na França assinado por inúmeras mulheres de grande reconhecimento no meio cultural e artístico: Catherine Deneuve, Simone de Beauvoir, Jeanne Moreau, Françoise Sagan, Marguerite Duras, dentre outras, enfrentavam a questão do aborto feito na clandestinidade. Faz-se silêncio sobre isso. Da mesma forma que buscam acesso a meios anticoncepcionais, reclamavam aborto livre.

O mundo adquire uma nova forma de ver as coisas. A participação política é conquistada. No entanto, há muitos caminhos a perseguir. A independência da mulher como cidadã ativa e como produtora econômica já é sentida e reconhecida. A participação política está sendo objeto de discussões, mas as mulheres avançam.

Resta analisar os grandes problemas ainda enfrentados na contemporaneidade que afetam as mulheres. São eles: a) o aborto; b) as operações transexuais; c) a prisão; d) o preconceito; e) as delegacias femininas; f) o feminicídio; g) a homossexualidade; h) a participação nas empresas; i) a participação política e verbas partidárias; j) sexo ou gênero.

23. Aborto.

Este é assunto bastante delicado, porque tangencia preconceitos e crenças religiosas bastante arraigadas. Começa pela discussão do que é *vida*. O feto é ser vivente e não pode ser eliminado pela vontade da mulher? Tem a mulher disponibilidade sobre seu corpo e pode decidir abortar?

23.1. Introdução. Ortega y Gasset. A Bíblia e o ensinamento de antigos intérpretes. O assunto é polêmico e, por isso, deve ser tratado com a máxima cautela e deve ser apreciado sob o ângulo de alguns direitos fundamentais constitucionalmente previstos: direito à vida (art. 5º), direito da dignidade da pessoa humana (inciso II do art. 1º), direito à privacidade (inciso X do art. 5o), do planejamento familiar (art. 226) e da saúde (art. 196). Esses princípios devem nortear a discussão em torno do aborto. De plano, afasta-se qualquer indagação ou divagação sob aspecto religioso, sob pena de mesclarmos fé com razão, coisas que não combinam ou não andam juntas, para efeito de raciocínio ou de crença.

Da análise da contraposição existente entre os princípios mencionados e aplicados na compreensão do aborto, surgem questões relevantes como, por exemplo, qual princípio deve prevalecer em caso de colisão entre eles? O direito à vida é um princípio absoluto? A decisão do casal deve ser respeitada como expressão do princípio da dignidade humana? Qual a abordagem adotada por outros países em relação ao tema? O mundo evolui de forma a propiciar grande alteração dos costumes, dos papéis sociais dos diversos atores, da aparição de outras religiões, fundadas em novos credos, da libertação da mulher, da extroversão dos homossexuais, de métodos contraceptivos. No Brasil, a liberdade sexual ganhou novas formas de ser tratada, como a da mostra de partes íntimas da mulher, da sensualidade da brasileira (ver *Dona Flor e seus dois maridos*, de Jorge Amado).

A Igreja católica pronuncia-se contra o aborto. As pentecostais dizem o mesmo. Na mesma linha, o espiritismo, seja kardecista ou de outras origens e proveniências, como os cultos afros. Todos positivam as sanções para a interrupção da gestação. Contraposta a tais posições, surge outra, de cunho não religioso, com mais apelo à intervenção do Estado, bem como à liberdade da mulher ou do casal de decidir o que lhes aprouver. Os projetos em apenso buscam ou descriminar o aborto ou inserir alguma outra hipótese em que ele seja permitido ou procuram aumentar as penas a tais práticas.

A Bíblia apenas menciona, salvo engano, uma única vez o aborto, quando provocado por terceiro. No caso de uma mulher grávida ser atingida em uma briga, ficará o agressor obrigado a suportar uma indenização (Êxodo, 21.22). Se acontecer coisa mais séria, será condenado a sofrer castigo mais grave, na lei de Talião, isto é, vida por vida, olho por olho. Há ilação de que Davi teria ficado arrependido de seu relacionamento com Betsabá, no qual mandou Urias para a frente de batalha. Preferiu, em vez de induzir o aborto, ser o mandante da morte do marido de sua amante (Salmo 51). Deus disse a Abraão: "Contempla o céu e conta as estrelas, se puderes; assim será a tua descendência". A mesma promessa foi renovada a Isaac (Gênesis, 26), a Jacó (Gênesis, 32) e a todos que obedecerem a lei (Deuteronômio, 30,16). De outro lado, deixou claro que "uma esposa é como a videira fecunda no interior de sua casa" e os filhos são "como rebentos de oliveira ao redor da mesa" (Salmo 128).

Na epístola 22, São Jerônimo assim se expressa:

> Algumas mulheres quando percebem que conceberam ilicitamente tomam venenos para aborto. Frequentemente morrem inclusive elas próprias e assim são conduzidas para o inferno pela culpa de três crimes: por matarem a si próprias, pela infidelidade para com Cristo e por parricídio de seus próprios filhos não nascidos.

No Pedagogo, Clemente de Alexandria diz: "Aquelas mulheres que ocultam a libertinagem sexual tomando drogas estimulantes para provocarem aborto perdem completamente a própria humanidade juntamente com o feto" (Disponível em: http://www.abortos.com.br/historia/ha5-26.htm). Por fim, São Basílio, em carta datada de 374, afirma: "Qualquer pessoa que propositadamente destrói um feto incorre nas penas de assassinato. Nós não especulamos se o feto está formado ou não formado".

Partindo da constatação de que não há hierarquia entre os princípios constitucionais, mas princípios com maior ou menor densidade ética ou força jurídica, a questão que surge é: o que fazer quando dois ou mais princípios constitucionais entram em rota de colisão? As normas constitucionais, muitas vezes, parecem conflitantes, antagônicas. Há, sem dúvida, constante tensão entre elas. Essa tensão entre as normas é consequência da própria carga valorativa inserta na Constituição, que, desde o seu nascimento, incorpora, em uma sociedade pluralista, os interesses das diversas classes componentes do poder constituinte originário. Esses interesses, em diversos momentos, não se harmonizam entre si em virtude de representarem a vontade política de classes sociais antagônicas. Surge, então, essa pluralidade de concepções – típica de um Estado Democrático de Direito.

Indaga-se: em relação ao aborto, há colisão de princípios? Qual dos dois princípios mencionados deve prevalecer? Escolhe-se o axiologicamente mais importante, afastando integralmente a aplicação do outro? A meu ver, não é essa, *a priori*, a melhor solução. Afinal, quem irá determinar qual é o princípio axiologicamente mais importante?

Esse também é o ponto fundamental da teoria dos direitos de Robert Alexy, no qual o autor apresenta suas objeções à tese de Dworkin. Alexy afirma "existir uma dimensão de peso entre princípios – que permanece inexistente nas regras –, principalmente nos chamados "casos de colisão", exigindo para a sua aplicação um procedimento de ponderação (balanceamento). Em face de um caso, portanto, o peso dos princípios poderá ser redistribuído de maneira diversa, pois nenhum princípio goza antecipadamente de primazia sobre os demais." (ALEXY, 2003).

Não partilhamos de tal opinião. É que o que irá decidir é o *perfil* em que é capitado o *fenômeno*, tal como deixamos claro no livro *Interpretação, paixões e direito* – o sentimento trágico do direito e seu ignorado aspecto fenomenológico (OLIVEIRA, 2019).

Penso que somente diante do caso concreto será possível resolver o problema da colisão de princípios, por meio de uma ponderação de valores. Em recente decisão, a ministra do STF Ellen Gracie (2008) afirmou que

> na contemporaneidade, não se reconhece a presença de direitos absolutos, mesmo de estatura de direitos fundamentais previstos no art. 5º. da Constituição Federal, e em textos de Tratados e Convenções Internacionais em matéria de direitos humanos. Os critérios e métodos da razoabilidade e da proporcionalidade se afiguram fundamentais neste contexto, de modo a não permitir que haja prevalência de determinado direito ou interesse sobre outro de igual ou maior estatura jurídico-valorativa.

O ministro do STF Carlos Ayres Britto, em decisão sobre o uso das células-tronco, afirmou

> que a vedação do aborto signifique o reconhecimento legal de que em toda gravidez humana já esteja pressuposta a presença de pelo menos duas pessoas: a da mulher grávida e o ser em gestação. Se a interpretação fosse esta, então as duas exceções dos incisos I e II do

art. 128 do Código Penal seriam inconstitucionais... O que traduz essa vedação do aborto não é outra coisa senão o Direito Penal brasileiro a reconhecer que, apesar de nenhuma realidade ou forma de vida pré-natal ser uma pessoa física ou natural, ainda assim faz-se portadora de uma dignidade que importa reconhecer e proteger.

E acrescenta o voto do Ministro Carlos Brito, sendo taxativo, no sentido de que "a vida humana já revestida do atributo da personalidade civil é o fenômeno que transcorre entre o nascimento com vida e a morte".

Em outras palavras, o planejamento é livre decisão do casal, competindo ao Estado propiciar recursos para o exercício desse direito.

No mais, não podemos nos esquecer de que todo ano centenas de milhares de mulheres no Brasil, sobretudo as mais humildes, são submetidas a procedimentos clandestinos e perigosos, realizados sem as mínimas condições de segurança e higiene, resultando muitas vezes em morte. E as sequelas decorrentes desses procedimentos representam hoje a quinta maior causa de mortalidade materna no país, ceifando todo ano centenas de vidas de mulheres jovens, que poderiam e deveriam ser poupadas (REDE FEMINISTA DE SAÚDE, 2005).

A Declaração dos Direitos Humanos das Nações Unidas, expressamente, em seu art. 29, afirma que "no exercício de seus direitos e no desfrute de suas liberdades todas as pessoas estarão sujeitas às limitações estabelecidas pela lei com a única finalidade de assegurar o respeito dos direitos e liberdades dos demais".

No dizer de Ortega y Gasset, mencionado por Recaséns Siches, "a vida consiste na copresença e na coexistência do eu com um mundo, de um mundo comigo mesmo, como elementos inseparáveis, correlativos.⁹ (Siches – sem data –, p. 254). O planejamento familiar está diretamente ligado à vida do casal, à intimidade do casal. Cabe a estes a livre escolha de constituir uma família e em que momento isso deve ocorrer.

Nota-se que o § 7º, do art. 226 da CF, ao dispor sobre a livre decisão do casal, dispõe que "fundado nos princípios da dignidade da pessoa humana e da paternidade responsável, o planejamento familiar é livre decisão do casal [...]". Ademais, quando se faz referência ao direito à vida, está-se falando em direito à vida humana, portanto, refere-se a direito à vida pertencente aos membros da espécie humana. Em outras palavras, trata-se de pessoas. Penso que todo ser humano é pessoa e, consequentemente, têm direitos decorrentes dessa condição, ou seja, direitos humanos, dentre os quais se encontra, como pressuposto, o direito à vida. Somente os seres humanos, por sua natureza, são sujeitos desses direitos, que, por sua vez, encontram seu fundamento na dignidade da pessoa. Já se disse que o princípio ou o valor mais importante consignado na Constituição da República é o direito à vida. Diria, em correção, que é tão importante quanto os demais, considerados invioláveis pelo art. 5º. Em verdade, a vida é pressuposto e condição da existência e exercício de todos os demais direitos.

A questão do aborto enquadra-se melhor nas disposições constitucionais que tratam do planejamento familiar e da livre decisão do casal (art. 226, § 7º) do que no art. 5º *caput*, que trata do direito à vida. Todos os princípios são dotados de força

---

9   "La vida consiste en la compresencia, en la coexistência del yo con un mundo, de un mundo conmigo, como elementos inseparables, correlativos [...]. A vida é intimidade conosco mesmo, saber-se e dar-se conta de si mesmo."

valorativa e positiva, de maneira a formar um todo. Apenas diante da hipótese fática é que é possível se efetuar a valoração de ambos para saber, diante do fato concreto, quando um deve prevalecer sobre o outro.

Ressalta-se que ainda não há um consenso no campo da genética e da medicina capaz de definir com segurança o exato momento em que a vida começa. O direito à vida, embora seja pressuposto da existência dos outros direitos, não é intocável. Ele existe, como todos os outros, para a realização de um valor. Não é um fim em si mesmo. Vale lembrar que o art. 128 do Decreto-Lei n. 2.848/40 do Código Penal permite a realização do aborto em caso de necessidade quando não há outro meio de salvar a vida da gestante e nos casos de gravidez resultante de estupro.

Assim, a solução justa não é observar a literalidade do texto legal, mas aquela que melhor realiza o valor que deu origem ao texto legal. Esse também é o entendimento que prevalece na Suprema Corte. Segundo esse tribunal, "não se pode esquecer que não há direitos absolutos, ilimitados e ilimitáveis. 5. Caberá, então, ao intérprete dos fatos e da norma, no contexto global em que se insere." (BRASIL, 2002). Vários são os exemplos de relativização de direitos. Vejamos. "[...] não há direito absoluto à liberdade de ir e vir (CF, art. 5°) e, portanto, existem situações em que se faz necessária a ponderação dos interesses em conflito na apreciação do caso concreto." (BRASIL, 2008).

Note-se que o STF relativizou, isto é, deu adequada compreensão à aplicação desse princípio levando em conta que a própria Constituição federal estabelece situações de desigualdade rompendo com a ordem isonômica. Ao considerar o direito à vida, faz-se necessário verificar se este está se realizando no caso concreto. Não há vida sem dignidade. A dignidade humana é a fonte jurídico-positiva devendo sempre ser observada em cada caso.

23.2. O aborto nos Estados Unidos. O caso mais conhecido em relação à questão do aborto é certamente o travado nos Estados Unidos. A matéria não está diretamente regulada pela Constituição norte-americana, mas no famoso caso Roe *vs.* Wade, julgado pela Suprema Corte em 1973, "entendeu-se que o direito à privacidade, reconhecido por aquele Tribunal no julgamento do caso Griswold *vs.* Connecticut, de 1965, envolveria o direito da mulher de decidir sobre a continuidade ou não da sua gestação". Com base nessa orientação, a Suprema Corte, por 7 votos a 2, declarou a inconstitucionalidade de uma lei do Estado do Texas, que incriminava a prática do aborto a não ser nos casos em que este fosse realizado para salvar a vida da gestante. Da decisão do Juiz Harry Blackmun, vale reproduzir o seguinte trecho: "O direito de privacidade [...] é amplo o suficiente para compreender a decisão da mulher sobre interromper ou não sua gravidez. A restrição que o Estado imporia sobre a gestante ao negar-lhe esta escolha é manifesta. Danos específicos e diretos, medicamente diagnosticáveis até no início da gestação, podem estar envolvidos. A maternidade ou a prole adicional podem impor à mulher uma vida ou futuro infeliz. O dano psicológico pode ser iminente. No julgamento do caso, a Suprema Corte definiu os parâmetros obrigatórios que deveriam ser observados na ocasião de legislar sobre as questões envolvendo o aborto. No primeiro trimestre de gestação, o aborto deveria ser livre, por decisão da gestante aconselhada por seu médico. No segundo semestre, o aborto continuaria sendo permitido, mas o Estado poderia regulamentar o exercício deste direito visando exclusivamente proteger a saúde da gestante. Só a partir do terceiro trimestre da gestação – período a partir do qual já existiria viabilidade da vida fetal extrauterina –, poderiam os Estados proibir a realização do aborto, objetivando a proteção da vida potencial do nascituro, a não ser quando a interrupção da gravidez fosse necessária para preservação da vida ou da saúde da mãe". (ob. cit.)

23.3. O problema na França. O confronto constitucional na França deu-se de forma diferente do que ocorreu nos Estados Unidos A iniciativa de legalizar o aborto partiu do legislador e não do Judiciário. Em 1975, foi aprovada a Lei n. 17/75, que teria vigência temporária por 5 anos,

> permitindo a realização, por médico, da interrupção voluntária da gravidez nas dez primeiras semanas de gestação, a pedido da gestante, quando alegue que a gravidez lhe causa angústia (détresse), ou, em qualquer época, quando haja risco à sua vida ou saúde, ou exista forte probabilidade de que o feto gestado venha a sofrer, após o nascimento, de "doença particularmente grave reconhecida como incurável no momento do diagnóstico".

Em 15 de janeiro de 1975, foi proferida a decisão reconhecendo a compatibilidade da norma com a Constituição francesa e com os outros diplomas integrantes do chamado "bloco de constitucionalidade" (decisão reproduzida em FAVOREAU; PHILIP, 1999, p. 317-318). Na decisão em questão, "o Conselho Constitucional francês recusou-se a apreciar a alegação de suposta incompatibilidade entre a lei impugnada e a Convenção Europeia de Direitos Humanos. E, mais recentemente, em 2001, foi promulgada a Lei n. 588/2001, que voltou a tratar do aborto e, dentre as suas principais inovações, ampliou o prazo geral de possibilidade de interrupção da gravidez, de 10 para 12 semanas, e tornou facultativa para as mulheres adultas a consulta prévia em estabelecimentos e instituições de aconselhamento e informação, que antes era obrigatória. O Conselho Constitucional foi mais uma vez provocado e manifestou-se no sentido da constitucionalidade da norma, afirmando, na sua Decisão n. 446/2001, que

> ao ampliar de 10 para 12 semanas o período durante o qual pode ser praticada a interrupção voluntária de gravidez quando a gestante se encontre numa situação de angústia, a lei, considerando o estado atual dos conhecimentos e técnicas, não rompeu o equilíbrio que o respeito à Constituição impõe entre, de um lado, a salvaguarda da pessoa humana contra toda forma de degradação, e, do outro, a liberdade da mulher, que deriva da Declaração dos Direitos do Homem e do Cidadão.

23.4. A questão na Itália. Em 1975 a Suprema Corte Constitucional italiana declarou a inconstitucionalidade parcial do art. 546 do Código Penal italiano, que punia o aborto sem excetuar a hipótese em que sua realização implicasse dano ou risco à saúde da gestante. Na sentença n. 18, proferida em fevereiro daquele ano, a Corte afirmou:

> Considera a Corte que a tutela do nascituro [...] tenha fundamento constitucional. O art. 31, parágrafo segundo, da Constituição impõe expressamente a "proteção da maternidade" e, de forma mais geral, o art. 2 da Constituição reconhece e garante

os direitos invioláveis do Homem, dentre os quais não pode não constar [...] a situação jurídica do nascituro.

E, todavia, essa premissa – que por si justifica a intervenção do legislador voltada à previsão de sanções penais – vai acompanhada da ulterior consideração de que o interesse constitucionalmente protegido relativo ao nascituro pode entrar em colisão com outros bens que gozam de tutela constitucional e que, por consequência, a lei não pode dar ao primeiro uma prevalência total e absoluta, negando aos segundos adequada proteção. "Ora, não existe equivalência entre o direito não apenas à vida, mas também à saúde de quem já é pessoa, como a mãe, e a salvaguarda do embrião, que pessoa ainda deve tornar-se" (ob. cit.). O acórdão pode ser obtido em Giurisprudenza Costituzionale, 1975, p. 117).

Diante dessa decisão, o legislador italiano editou, em 1978, a Lei n. 194, que regulamentou detalhadamente o aborto. De acordo com a referida lei, a gestante pode, nos primeiros noventa dias de gravidez,

> solicitar a realização do aborto em casos: (a) de risco à sua saúde física ou psíquica; (b) de comprometimento das suas condições econômicas, sociais ou familiares; (c) em razão das circunstâncias em que ocorreu a concepção; ou (d) em casos de má-formação fetal. Nessas hipóteses, antes da realização do aborto, as autoridades sanitárias e sociais devem discutir com a gestante, e, se esta consentir, com o pai do feto, possíveis soluções para o problema enfrentado, que evitem a interrupção da gravidez. Afora casos de urgência, foi estabelecido também um intervalo mínimo de 7 dias entre a data da solicitação do aborto e sua efetiva realização, visando assegurar o tempo necessário para a reflexão da gestante.

Por outro lado, a lei em questão autorizou a realização do aborto, em qualquer tempo, quando a "gravidez ou o parto representem grave risco de vida para a gestante, ou quando se verifiquem processos patológicos, dentre os quais relevantes anomalias fetais, que gerem grave perigo à saúde física ou psíquica da mulher". A Suprema Corte italiana, chamada a pronunciar-se sobre a validade dessas inovações, afirmou que a descriminação de certas condutas se inscreve na competência do legislador, deixando, por isso, de conhecer das questões de constitucionalidade suscitadas. (Giurisprudenza Costituzionale, 1981, p. 908).

23.5. A compreensão do assunto na Alemanha. Na Alemanha foi editada uma lei em 1974 descriminando o aborto praticado por médico, a pedido da mulher, nas doze primeiras semanas de gestação. Contra essa lei foi ajuizada uma ação abstrata de inconstitucionalidade perante o Tribunal Constitucional Federal, que veio a ser julgada em 1975 (39 BverfGE I) as partes mais relevantes da decisão estão reproduzidas em KOMMERS, 1997, p. 336-346).

Nessa famosa decisão, conhecida como caso "Aborto I", a Corte rechaçou a alegação de que o direito à vida só começaria com o nascimento, afirmando que, antes disso, o feto já é "um ser em desenvolvimento", dotado de dignidade e merecedor de proteção constitucional, a qual deveria iniciar-se, de acordo com critérios biológicos de prudência, a partir do 14º dia de gestação – momento aproximado em que se dá a nidação do óvulo no útero materno.

O tribunal reconheceu a relevância do direito à privacidade da mulher grávida em questões relativas à procriação, mas afirmou que, numa ponderação, este direito deveria ceder diante do direito à vida do feto, a não ser em certas situações especiais, como risco à vida ou à saúde da gestante, má-formação fetal, situação social dramática da família e gravidez resultante de violência sexual. Firmada essa premissa, assentou a Corte que o legislador tinha a obrigação constitucional de proteger o direito à vida do feto. Por isso, a descriminação do aborto, tendo em vista a relevância do bem jurídico em jogo, não poderia ser operada, a não ser nas hipóteses específicas já mencionadas. Diante disso, o Tribunal reconheceu, por maioria, a inconstitucionalidade da lei questionada. Assim, em 1976 foi alterada a legislação para se adequar à decisão da Suprema Corte.

23.6. A Convenção Europeia de Direitos Humanos. A Convenção Europeia de Direitos Humanos não dispõe expressamente sobre a proteção ao nascituro. Contudo, a Comissão foi provocada na década de 1980 por um cidadão inglês, que afirmava que a decisão unilateral de sua mulher de realizar o aborto, realizada com amparo na legislação inglesa – o Abortion Act de 1967 – violava o direito à vida, previsto no art. 2º daquela Convenção, assim como o direito à privacidade familiar, consagrado no seu art. 8º. A Comissão declarou inadmissível o requerimento, argumentando que a palavra "pessoa", utilizada no art. 2º da Convenção, só seria aplicável a indivíduos já nascidos. E conclui que, em se tratando de interrupção da gestação realizada na fase inicial de gravidez, o direito à vida familiar do genitor potencial deveria ceder, numa ponderação, ante os direitos à saúde e ao respeito da vida privada da mãe. Já o caso levado à Corte Europeia de Direitos Humanos, julgado em 1992, envolvia a Irlanda, país que, pela fortíssima influência católica, tem a legislação mais repressiva de toda a Europa e proíbe o aborto em todos os casos.

O Pacto da Costa Rica e a Declaração Americana dos Direitos e Deveres do Homem (Bogotá – 1948) em seu art. 1º estabelece que "todo ser humano tem direito à vida, à liberdade e segurança de sua pessoa". Tal declaração motivou grande polêmica sobre se o aborto violaria o contido em tal dispositivo. A Comissão Interamericana de Direitos Humanos, chamada a apreciar o assunto, deixou firmada a orientação de que o direito ao aborto não viola a Declaração (Resolução n. 23/81).

Em tal decisão, houve apreciação do contido no Pacto de São José da Costa Rica (1969), que no art. 4º se refere à proteção da vida em geral. Esclareceu-se, na oportunidade, que a cláusula em geral não significa imunidade do feto a qualquer intervenção, mas que o problema fosse decidido pelo direito positivo de todos os Estados. Foi o que deixou firmado a OEA (ata da segunda sessão plenária – Ser. K/XVI/1.2), ao decidir que "o Brasil e Estados Unidos interpretam o texto do art. 4º, inciso I, no sentido de que deixa à discricionariedade dos Estados Parte o conteúdo da legislação à luz de seu desenvolvimento social". Assim, vê-se que à luz do Direito Internacional, o Brasil não se acha vinculado a qualquer pré-conceito que possa informar o direito interno a propósito do tema. Também se pode mencionar a Convenção sobre todas as formas de discriminação contra a mulher (CEDAW) que em seu art. 12 determina que os países derroguem as disposições penais nacionais que constituam discriminação contra a mulher. Daí se recomendar ao país que tome providências para evitar os males de abortos clandestinos e inseguros. Quanto à laicidade do Estado, a questão do aborto é, sem dúvida alguma, um dos assuntos mais polêmicos. Talvez não haja nenhum outro tema que provoque reações tão exaltadas como o aborto. Essas reações devem-se não apenas à transcendência dos interesses envolvidos, mas também por abranger questões religiosas e morais.

O Estado deve respeitar essas escolhas e orientações de vida, não lhe sendo permitido usar do seu aparato repressivo, nem mesmo do seu poder simbólico, para coagir o cidadão a adequar sua conduta às concepções hegemônicas na sociedade. Como expressou a Corte Constitucional alemã, na decisão em que considerou inconstitucional a colocação de crucifixos em salas de aula de escolas públicas, "um Estado no qual membros de várias ou até conflituosas convicções religiosas ou ideológicas devam viver juntos só pode garantir a coexistência pacífica se se mantiver neutro em matéria de crença religiosa [...]. A força numérica ou importância social da comunidade religiosa não tem qualquer relevância (BVerfGE)" (1995). É imperativo, não só sob o prisma ético, como também sob a perspectiva jurídico-constitucional, que os atos estatais, como as leis, medidas administrativas e decisões judiciais, baseiem-se em argumentos que possam ser aceitos por todos os que se disponham a um debate franco e racional – mesmo pelos que não concordarem com o resultado substantivo alcançado.

23.7. Dados estatísticos. Em artigo intitulado "Mulheres e os direitos à existência", publicado em 11/05/2008, no jornal Folha de São Paulo, Opinião – A3, o autor, o médico Miguel Srougi, escreve que

> segundo a OMS, são realizados a cada ano cerca de 50 milhões de abortos no mundo, milhões dos quais de forma clandestina e insegura. No Brasil, de acordo com dados do Ipas e da Uerj, são

efetuados cerca de 1,1 milhão de abortos anualmente, 75% deles induzidos voluntariamente e executados de maneira insegura [...] em decorrência das complicações cerca de 11 mil brasileiras morrem [...] Se às brasileiras fosse dado o direito e o fácil acesso ao aborto seguro, morreriam menos de mil mulheres ao ano.

O Brasil gasta por ano cerca de US$ 10 milhões no atendimento das complicações do aborto inseguro, revela dossiê da Rede Feminista de Saúde, entidade que reúne mais de 200 organizações de mulheres. O documento será entregue à comissão tripartite, que discutirá o projeto de descriminalização do aborto no país. No dossiê, obtido com exclusividade pela Folha, foram acompanhados casos de mulheres que praticaram aborto ou sofreram abortos espontâneos e que passaram por curetagens em hospitais públicos, entre 1999 e 2002. Também foram mapeadas as mortes por abortamentos. No Brasil, o aborto é a quarta causa de mortalidade materna. Elaborado a partir de consulta no DataSus (Departamento de informática do Sistema Único de Saúde), o documento mostra que, anualmente, são feitas cerca de 238 mil internações por aborto na rede pública de saúde, a um custo médio unitário de R$ 125, totalizando R$ 29,7 milhões. As maiores taxas de curetagens estão no Nordeste (5,5 a cada 1.000 mulheres), no Norte (4,48) e no Sudeste (4,13).

Em uma década, o SUS gastou R$ 486 milhões para tratar as complicações do aborto, sendo 75% deles provocados. De 2008 a 2017, 2,1 milhões de mulheres foram internadas[10].

Figura 1:

---

10 Disponível em: https://www1.folha.uol.com.br/cotidiano/2018/07/sus-gasta-r-500-milhoes-com-complicacoes-por-aborto-em-uma-decada. shtml. Acesso em: 31 jan. 2020.

Em dez anos, Brasil teve entre 9,5 e 12 milhões de abortos provocados

- Estimativa de abortos induzidos
- Internações por aborto no SUS
- Estimativa da taxa de abortos induzidos por 1 000 mulheres entre 15 e 49 anos
- Mortes por aborto

R$ 486 mi é o **valor gasto pelo SUS*** com internações por aborto entre 2008 e 2017

2008
- 964 mil a 1,2 mi
- 225 mil
- 18,3 a 22,8
- 258 — 45,3

Em SP, SUS teve média de 115 internações por aborto a cada dia

2009
- 971 mil a 1,2 mi
- 225 mil
- 18,2 a 22,8
- 264 — 48,4

2010
- 975 mil a 1,2 mi
- 223 mil
- 18,1 a 22,7
- 247 — 48,7

2011
- 956 mil a 1,2 mi
- 216 mil
- 17,6 a 22
- 224 — 48,2

País teve 16,2 mil casos graves de complicações após aborto

2012
- 954 mil a 1,2 mi
- 215 mil
- 17,5 a 21,8
- 215 — 48,5

2013
- 949 mil a 1,2 mi
- 212 mil
- 17,2 a 21,6
- 223 — 48,6

Em média, uma mulher morreu a cada dois dias no Brasil por aborto inseguro

2014
- 974 mil a 1,2 mi
- 215 mil
- 17,6 a 22
- 232 — 49,9

2015
- 940 mil a 1,2 mi
- 207 mil
- 16,8 a 21,1
- 228 — 49

Nordeste teve de 260 a 320 mil abortos provocados

2016
- 916 mil a 1,1 mi
- 204 mil
- 16,3 a 20,4
- 224 — 48,8

2017
- 938 mil a 1,2 mi
- 210 mil
- 16,6 a 20,8
- não há dado — 50,7

Roraima teve a maior taxa de abortos induzidos (30 a 37,5)

*Valores corrigidos pela inflação Fonte: Ministério da Saúde

23.8. Algumas ponderações. Conclusões. Temos um grave problema social a superar. São mortes e mortes de mães que a todo instante, independentemente da forma que ocorra a gravidez, veem-se desamparadas pelo Estado. Arriscam e sujeitam-se a sofrer danos físicos, mas querem ver-se livres de um ser que não pediram. Queriam simplesmente uma relação sexual e vêm-se às voltas com um ser que não desejavam. Como deve o Estado, e apenas ele, cuidar do assunto? Seria exagero afastar a religião de qualquer intromissão no assunto? Há o confronto entre princípios. A Constituição, no *caput* do art. 5º, eleva alguns direitos como essenciais, tais como a vida, a liberdade, a igualdade, a segurança e a propriedade. Colocou todos em pé de igualdade.

A vida é garantida vedação da pena de morte, salvo em caso de guerra – letra a do inciso XLVII. Não se pode dizer, pois, que a vida tem caráter absoluto, em nosso direito, tanto que admite a pena de morte em caso de guerra. Afirmar-se-á, pois, que é a exceção. Evidente que é assim. Não se constitui a morte em direito e sim em exceção ao direito à vida. O que se afirma é que a vida não é um direito absoluto, de forma a impedir que o Estado possa agir. Se assim é, pode-se questionar o começo da vida, para que consiga merecer proteção do Estado.

Platão, retratando discussões que teve com Sócrates, revela que pode haver até quem considere a morte um bem superior à vida (PLATÃO, 2000, p. 36, item 62). Ao filosofar, Sócrates sustenta que há a alma e o corpo e estar morto significa que "o corpo, uma vez separado da alma, subsiste em si e por si mesmo, à parte dela: tal como a alma, uma vez separada do corpo, subsiste em si e por si mesma, à parte dele" (idem, ibidem, item 64 c). Enfrentando o tema, o filósofo afirma que "é do que está morto que os seres vivos e as pessoas provêm [...]" (idem, ibidem, item 71 d). Para Sócrates há um eterno reviver. Interessante a opinião de Agostinho ao analisar os homicídios considerados não criminosos (veja-se a relatividade das afirmações). Esclarece que "algumas vezes, seja como lei geral, seja por ordem temporária e particular, Deus ordena o homicídio" (AGOSTINHO, 1989, p. 51).

Prossegue, afirmando que

> não é moralmente homicida quem deve à autoridade o encargo de matar, pois não passa de instrumento, como a espada com que fere. Desse modo, não infringiu o preceito quem, por ordem de Deus, fez guerra ou, no exercício do poder público e segundo as leis, quer dizer, segundo a vontade da razão mais justa, puniu de morte criminosos. (idem, ibidem)

Não somos contrários à vida. Somos pela existência da vida com dignidade humana, com condições reais e mínimas de sobrevivência numa sociedade cada vez mais exigente.

A análise da matéria impõe algumas ponderações: 01. O direito à vida não é absoluto. 02. Há a pena de morte, em caso de guerra. 03. Se não aceitarmos o item 01, as hipóteses de aborto consagradas no direito brasileiro (estupro e risco de vida da mulher) deverão ser tidas por revogadas, por incompatibilidade vertical. 04. Se aceitarmos o item 01, não há inconstitucionalidade nas hipóteses previstas no item 03, o que nos leva à conclusão de que outras possibilidades se abrem. Isto é, o legislador pode criar outras hipóteses de descriminação ou eliminar o tipo penal do aborto, impondo a descriminação. 05. No confronto dos direitos, dos valores e dos princípios, há que se efetuar a análise de otimização, isto é, qual o princípio ou o valor ou o direito que se sobrepõe ao outro, no caso concreto. 06. Com base em tal raciocínio, poder-se-ia pensar que se é a favor do aborto indiscriminado. Não é isso que se afirma. Nem é o que se conclui do desenvolver das premissas.

O sorites (série de proposições encadeadas de maneira que o atributo da primeira seja sujeito da segunda) se mostra perfeito, o que legitima o raciocínio. O que me parece curial é que se cuida de um confronto entre direitos. Ao direito à vida, na situação específica, confronta-se com o direito da mulher à intimidade, à disponibilidade de seu próprio corpo, de sua saúde. Não pode, jamais, o Estado obrigar a mãe, por mais sagrada que seja a maternidade, a suportar um filho que ela não quer ou não quis. O Estado deve buscar a felicidade, na grata expressão da Constituição norte-americana. Impor-se a alguém tal encargo (por mais divino que seja ter um filho) não é tarefa que possa ser decidida pelo Estado.

O Código Civil atual não disciplina de forma diferente a pessoa do nascituro. O art. 4º do Código anterior dispunha: "A personalidade civil do homem começa do nascimento com vida; mas a lei põe a salvo desde a concepção os direitos do nascituro". O atual Código dispõe de forma idêntica, apenas alterando homem para pessoa, de forma a alcançar homem e mulher, o que moderniza a linguagem (art. 2º). Observe-se que a personalidade da pessoa começa do nascimento com vida. Considera-se a vida apenas após o nascimento.

Preserva direitos do nascituro, tais como doação, herança e permite a adoção, podendo ocorrer a tutela. Vê-se que em nenhum momento há a consideração de que já existe pessoa no útero materno. O direito não se preocupou com tal problema. Importante considerar que o Direito Civil apenas reconheceu que a concepção preserva e garante direitos futuros. Nada mais. São eles de cunho econômico, mesmo porque não sobrevindo a vida, não há direitos a serem protegidos. Daí por que ao nascituro se dá curador para que diligencie na preservação de seus direitos. Nem por outro motivo é que a personalidade apenas começa, se houver vida. A personalidade da pessoa começa do nascimento com vida.

Nem por outro motivo é que se faz a docimasia, isto é, o teste para saber se entrou ar no pulmão do natimorto. Daí haver uma série de consequências jurídicas (herança, doação etc.). Como se vê, todas de efeito patrimonial.

A análise que se vem fazendo redunda na afirmativa da dificuldade da própria crença em que a Constituição brasileira seja apenas lida. Tem de ser interpretada dentro de seu inteiro teor. As normas se conectam de tal maneira a formar um todo consistente. A consistência, aliás, é um dos atributos do sistema normativo. Diante de tal perspectiva, lícito é afirmar que o tema ora em análise não pode ser visto por ângulo irracional. Não basta, também, o mero raciocínio dedutivo para que se possa chegar a algum resultado. Não se pode olvidar a realidade viva que está nas ruas.

Não se pode desconhecer a realidade e ficar apenas com respostas facilmente aceitas pelo papel ou no discurso político que influencia determinados segmentos sociais que adotam a fé como razão de viver. Não se critica, ressalte-se, quem assim vive. O que importa é mantermos o respeito por tudo e por todos, independentemente do credo e de sua forma de vida. Devemos reconhecer que a sociedade brasileira é plural e abarca o maior e mais significativo número de etnias, origens, crenças e diversidades. É maravilhoso que assim seja. Tal constatação, entretanto, não nos pode distanciar da realidade dura e crua em que vivemos.

Daí, concluir que se deve descriminar é outro problema. Há vida em tudo, seja no vegetal, no animal, nas pessoas humanas. Toda deve ser preservada. A vida é pressuposto e é existência. É pressuposto da própria vida e das interações que se seguirão.

Em alguns países, há lei a respeito. Em outros, as Cortes assim decidiram. Aqui prevalece e prepondera outro princípio, qual seja o da razoabilidade e da proporcionalidade. O primeiro permite que se dê um tempo à mulher para que decida o que quer fazer. A partir do prazo que lhe é fixado, caracterizado estaria, se assim se pretender, o crime. O tempo de maturação, da superação das angústias, da sobreposição das conveniências e interesses, da suplantação das dificuldades familiares e pessoais vem razoavelmente fixado pelo projeto em apenso.

No confronto dos valores, a mulher deve ser preservada, uma vez que sua vida passa a ser mais importante que a do feto.

Nem valem argumentos emotivos como o desconhecimento dos direitos do que não se pode defender. Nem se pode aceitar fotos mostrando fetos mortos, porque não são mostradas mulheres mortas ou ensanguentadas fruto de abortos clandestinos em todo o país. De pouca utilidade também, o Sistema Único de Saúde (SUS) não logra atender a outros benefícios de saúde à mulher, não se podendo falar em aborto. Se o SUS é precário e não consegue atender mulheres em situações difíceis de saúde, tais como mamografia, assistência pré-natal etc., não significa que não deva também ampará-la no aborto, inclusive propiciando assistência psicológica, no acompanhamento antes e depois do procedimento.

Por outro lado, celebra-se a vida e o amor em seus diversos dispositivos, com o objetivo de constituir uma sociedade livre, justa e solidária, preservando a individualidade de cada brasileiro, sem lhe impor quaisquer ônus. Reafirma-se aqui o compromisso com a vida em toda sua dimensão humana, seja vegetal, animal ou com os homens e as mulheres. Reafirma-se a vida em todas as dimensões, religiosa, sociológica, psicológica, exterior e íntima. Todos os ângulos devem ser preservados para uma vida com dignidade, não se podendo impedir que a mulher, na angústia de seu drama e diante da situação específica que enfrenta, não consiga ser a dona de sua própria decisão. É inaceitável que o Estado se substitua à decisão soberana da mulher.

24. A prisão. Angela Davis.

Matéria que tem causado perplexidade, diz respeito ao aprisionamento da mulher. Impõe-se a construção de prédios separados daqueles dos homens. A estrutura arquitetônica há que ser diversa. A nomeação de servidores públicos há que obedecer ao critério do gênero. Não tem sentido nomear homens para cuidar de presas. É uma das hipóteses em que o princípio da igualdade não é violado. A saber, o critério *gênero* pode ser utilizado sem agressão à Constituição. É que o critério eleito tem compatibilidade lógica com o que se pretende distinguir (cf. MELLO, 1980).

Angela Davis, ativista política e liderança feminista, fala das comunidades abandonadas e "em vez de tratar dos problemas que afligem tantas comunidades – pobreza, falta de moradia, de saúde e de educação –, nosso sistema joga as pessoas que sofrem desses problemas na prisão" (DAVIS, 2019, p. 109).

Sem dúvida que a prisão serve para discriminar mais uma vez. Os que vivem em situação de risco são mais observados pelas autoridades e por seus agentes. Em princípio, calculam, essas pessoas são mais *propensas* à prática de crimes. Só pelo fato de viverem em cortiços e favelas e estarem afastadas dos aparelhos comunitários e sociais, pressupõe-se estarem mais sensíveis às agressões à sociedade.

O raciocínio beira a insanidade, mas é relevante para a análise que se busca. O pária social não usufrui em qualquer momento dos benefícios prestados pelo Estado em termos de serviços públicos. Ao contrário, estes lhe são negados.

A mulher é quem mais sofre com isso. Vive à mercê do homem que deveria ser o provedor da família. Mas, por vezes, desestimulado pelas condições sociais, abandona-se à bebida e não procura trabalho. Quando o encontra, está desmotivado. Nem tem o preparo suficiente para alcançar posições melhores. Não teve ensino e a infância lhe foi madrasta.

A mulher, em tais circunstâncias, busca a creche para poder trabalhar e ajudar nas despesas da casa ou, então, assume-se como provedora. Luta com muita dificuldade para ter sucesso e quando o tem fica exaurida por tantas coisas que tem que fazer. O homem omite-se.

Marido e mulher encontram-se absolutamente desmotivados e abandonados pela sociedade. Sem instrução básica, sem qualquer amparo, normalmente desajustados, vivem de empregos subalternos. Aos finais de semana, sem ter o que fazer, muitas vezes deixam-se levar por estímulos infracionais. Não é a regra, acontece em algumas oportunidades.

A instigação que vem dos traficantes de drogas ou das organizações criminosas torna-os inocentes fáceis em mãos de espertalhões. Bandidos acossam os pobres coitados, com promessas de independência financeira e vida melhor, farta e sem preocupações. Embarcam em aventura insólita, deixando-se levar por utopias inconsistentes.

O caminho para o crime está aberto. Sobrevêm a ação policial, a prisão, o encarceramento, o julgamento e a definitividade do isolamento punitivo.

Se for mulher e negra, haverá uma espécie de *presunção de culpabilidade*, no sentir da sociedade. Embora a população branca não aceite e não reconheça, há forte rejeição ao cabelo carapinha, à pele morena ou negra, ao fato de habitar em bairro periférico e de não encontrar emprego aceitável. Há uma rejeição sub-reptícia. Há a fuga do olhar do outro. Há desconfiança da sociedade branca.

Assim, o Estado vê-se compelido a construir celas apropriadas para o encarceramento de mulheres.

Da mesma maneira, existem as chamadas *delegacias da mulher* que se destinam à cobertura da mulher agredida, mas também a receber para encarceramento provisório, aquelas que cometem crime ou contravenção.

Para o Direito Financeiro é imprescindível a previsão de recursos orçamentários para construção de mais delegacias e presídios especializados no recebimento de mulheres.

Em relação à violência de gênero, recente texto vai contra a criminalização. "Esse 'feminismo carcerário', como tem sido chamado, aceita como natural precisamente o que deve ser questionado: a suposição equivocada de que as leis, a polícia e os tribunais mantêm autonomia suficiente em relação à estrutura de poder capitalista para contestar sua profunda tendência a gerar a violência de gênero" (ARRUZZA, 2019, p. 60).

Observa-se que é cada dia mais forte o movimento feminista não aceitar as imposições de uma sociedade dita capitalista, que deve ser combatida em todas as instâncias.

O esforço para melhoria das condições desfavoráveis poderia ser dirigido para a manipulação orçamentária de forma a postular maiores alocações de recursos para o atendimento de tais necessidades.

O Ministério da Justiça coleta dados sobre o aprisionamento de mulheres. Em 2016, eram 42.335 mulheres presas. As unidades prisionais são 1.418. O total dos presos no Brasil é de 726.712. O que se constata é um aumento considerável de prisão de mulheres. São casos de condenação e outros aguardando decisão.

A população carcerária feminina brasileira é a quarta maior do mundo em números absolutos. Em 2015, o Brasil tinha 42 mil mulheres encarceradas. Considerando a taxa de aprisionamento, que é de 41 presas para cada 100 mil brasileiras, o Brasil sobe para a terceira posição entre os doze países que mais encarceram mulheres.

Em termos absolutos, a população prisional feminina cresceu mais de seis vezes entre 2000 e 2016, ritmo muito superior ao da população prisional masculina.

Destinação dos estabelecimentos penais de acordo com o gênero

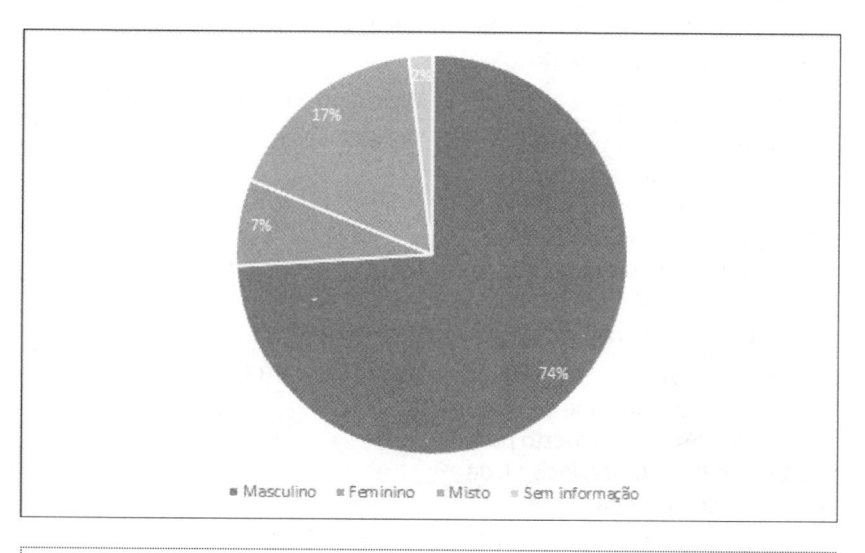

[Gráfico de pizza: Masculino 74%, Feminino 7%, Misto 17%, Sem informação 2%]

Movimentações no sistema prisional ao longo do primeiro semestre de 2016			
Entradas	Masculino	Feminino	Total
Número de inclusões originárias Inclusões não decorrentes de remoção ou transferência de outro estabelecimento do Sistema Prisional	247.859	18.274	266.133

Saídas	Masculino	Feminino	Total
Número de saídas Saídas decorrentes de alvarás de soltura, óbitos, entre outros	180.366	13.423	193.789
Transferências/remoções	Masculino	Feminino	Total
Número de inclusões por transferências ou remoções Recebimento de pessoas privadas de liberdade oriundas de outros estabelecimentos do próprio Sistema Prisional	162.732	5.812	168.544
Transferências/remoções – deste para outro estabelecimento	166.422	6.645	173.067
Autorizações de saída	Masculino	Feminino	Total
Permissão de saída Para os condenados do regime fechado e semiaberto ou provisórios, por falecimento ou doença grave de parente ou necessidade de tratamento médico (art. 120, da Lei de Execução Penal)	78.267	10.297	88.567
Saída temporária Para os condenados que cumprem pena em regime semiaberto para visitar família (art. 122, inciso I, da Lei de Execução Penal)	96.444	8.339	104.783

Fonte: Levantamento Nacional de Informações Penitenciárias – Infopen, jun. 2016.

A maior parte dos presídios foi projetada para receber o sexo masculino. Significa que há presídios originariamente masculinos hoje ocupados por mulheres, o que cria problemas de toda ordem. Não só os banheiros; a possibilidade de aleitamento, espaços para filhos das mulheres aprisionadas, mulheres gestantes, equipes multidisciplinares não contam com espaços adequados.

Dentre os direitos assegurados consta o de receber companheiro ou cônjuge, parentes e amigos, o que pressupõe dias e horários determinados, bem como espaços adaptados para isso. Nos presídios femininos não se necessita apenas do pátio, mas lugares apropriados para encontros com filhos e cônjuge ou companheiro.

Inclusive, há presídios mistos, o que complica ainda mais o problema, dada a proximidade de homens, o que aumenta a insegurança. As celas devem prever espaço para gestantes e participação de filhos.

Tais circunstâncias envolvem despesas específicas para construção e adequação ou reforma dos estabelecimentos penais já existentes.

25. Sexo ou gênero.

Um dos problemas que mais angustiam as colocações recentes que se fazem sobre o problema feminino diz respeito a estabelecer o sexo ou o gênero. Judith Butler fez a distinção: sexo é o que se tem. Gênero é como alguém se sente intimamente. Uma pessoa que é portadora de um sexo (masculino, por exemplo) pode sentir-se como de outro sexo, o que a faz ter um gênero diverso de sua sexualidade. É o caso de homossexuais, transgêneros, travestis, *drag queens* ou *drag kings*. Todos nascem com um sexo. Daí a invectiva dos conservadores que afirmam que há apenas dois sexos e nada mais. Os evangélicos e religiosos reacionários afirmam que Deus deu apenas dois sexos, e nada mais.

Judith Butler (2018, p. 25-26) afirma: "Concebida originalmente para questionar a formulação de que a biologia é o destino, a distinção entre sexo e gênero atende à tese de que, por mais que o sexo pareça intratável em termos biológicos, o gênero é culturalmente construído". Prossegue: "Não há razão para supor que os gêneros também devam permanecer em número de dois. A hipótese de um sistema binário dos gêneros encerra implicitamente a crença numa relação mimética entre gênero e sexo, na qual o gênero reflete o sexo ou é por ele restrito" (ob. cit., p. 26).

Posteriormente esclarece que "se o sexo é, ele próprio, uma categoria tomada em seu gênero, não faz sentido definir o gênero como a interpretação cultural do sexo" (ob. cit., p. 27).

Trata-se de resistência a encarar a realidade do mundo. Simone de Beauvoir (2016, p. 11) disse: "Não se nasce mulher. Torna-se mulher".

O estado civil não admitia senão dois sexos. Agora, os governos já passam a ceder à realidade e aceitam alternativas.

Queer quer dizer esquisito, excêntrico e passa a ser conceituado como uma alteração de gênero. Problemas éticos são colocados. O *transgênero* não se define pelo seu sexo, que rejeita, mas pelo seu gênero. Para o *intersexual* o sexo não pode ser claramente definido. O *intergênero* postula um gênero que não está definido ou varia. Na *disforia de gênero* há conflito ou incompatibilidade entre o sexo e o gênero (é o transexual).

O *falocentrismo* é a concentração sobre o masculino representado pelo falo.

26. Inseminação artificial.

Problema de recente questionamento diz respeito às mulheres que não logram engravidar pelos métodos naturais e postulam métodos modernos, dentre os quais a inseminação artificial.

Há a *inseminação in vitro* para quem não consegue engravidar pelo coito. Assim, é recolhido o sêmen do homem (marido, companheiro etc.) e colocado no útero da mulher, ou também por meio de inseminação por doador.

A procriação assistida supera a esterilidade do homem ou da mulher. O homem pode ter uma *impotentia coeundi* ou *generandi*. Na primeira hipótese, ele não logra o coito; na segunda ocorre a aspermia, ou seja, ele não produz sêmen. Claro que há tratamento para isso, com bombardeamento de hormônios, o que sacrifica um e outro. Existem bancos de esperma para atender mulheres. Gratuidade e anonimato são exigidos.

Casais homossexuais podem valer-se de técnicas modernas para obterem um filho(a). A doação de esperma resolve o problema nos casais de sexo feminino. No masculino, a solução é adoção ou cessão de esperma para inseminação em útero de aluguel.

Algumas leis impõem uma série de exigências para que não haja problemas futuros de identidade. Só pessoas saudáveis podem participar do banco de esperma ou de óvulo. Há a *mères porteuses*, ou seja, a maternidade por substituição, em que uma mulher aceita engravidar com o objetivo apenas de gerar uma criança que será de outro indivíduo ou casal.

O problema ético que surge é se a pessoa que se permitiu engravidar para gerar filho de outra pessoa pode receber por isso. Para nós, não há problema ético. É um trabalho como outro qualquer. Cedeu seu corpo para ser utilizado por outro. Gerada a criança, entrega-a ao solicitante e recebe por isso. Contrato comum. Trata-se de utilizar o corpo como mercadoria? Qual é o problema? Nenhum. Se a pessoa quer efetuar o trabalho por generosidade, por benemerência ou por questão religiosa, nada a opor. Mas, se prestou um trabalho, cobra por isso. O contrato pode estabelecer que a grávida evite álcool, tabaco e droga.

Pode haver útero artificial? Pode.

A prostituta aluga seu corpo. Não o vende. Cede a uso de terceiro. Trata-se de serviço prestado que normalmente não exige o prazer.

O que distingue o erótico do pornográfico? O pornográfico é feito com pessoas reais. O fato de serem reais não significa que sejam realistas, ou seja, que retratem a realidade. Fingem. Simulam. O erótico retrata situações fictícias.

A Constituição Federal assegura o direito ao planejamento familiar, regulamentado pela Lei n. 9.263/96. A reprodução assistida, então, foi assegurada, o mesmo ocorrendo com a fertilização *in vitro*.

A Lei n. 11.935/2009 prevê cobertura de técnicas de concepção por planos de saúde. Há confronto com os planos de saúde que se recusam a incluir nos contratos a inseminação artificial.

A questão tem suscitado inúmeros debates e busca por solução jurídica. O TJSP garantiu o direito à fertilização *in vitro* (AI

2144926-50.2017.8.26.0000). Outros julgados também amparam o direito da gestante (Ap. 1086993-64.2016.8.26.0100 e 1053949-54.2016.8.26.0100).

É o Estado obrigado a, por meio do SUS, prever recursos orçamentários para pagamento de tais atividades? Deve suportar a despesa com tal providência?

27. A população LGBTQ+. Homofobia.

Atualmente, o atendimento da área de saúde à população LGBTQ+ pressupõe lugares adequados para seu recebimento. Como são pessoas altamente discriminadas, o atendimento com a população habitual nos centros de saúde e hospitais leva ao estranhamento. O contato com essa população exige sensibilização e conscientização maior para que evite discriminação por parte dos profissionais de saúde.

A presença de uma travesti ou de um transexual pode ocasionar curiosidade, o que dificulta o atendimento e origina mal-estar no local da prestação dos serviços de saúde. Assim, devem os centros de saúde, as UPAS e os hospitais terem locais apropriados e inclusivos para o recebimento dessa comunidade. Os profissionais de saúde (médicos, enfermeiras) devem passar por uma preparação profissional e pessoal para que consigam enfrentar tais situações de forma absolutamente normal, sem constrangimentos de parte a parte.

Alguns heterossexuais veem os LGBT com resistência e reagem de forma irracional mediante agressão, violência e morte. A homofobia segue a orientação machista que prevaleceu e prevalece na sociedade moderna. Todo aquele que foge do "padrão" *sexual* é visto como depravado e acaba sendo alijado dos contatos com a sociedade. Ainda não se compreendeu o *gênero* que provoca as diferenças.

A ação violenta dos heterossexuais leva a uma reação. A homofobia agressiva produz reação contrária.

O Ministério da Saúde compreende que todas as formas de discriminação devem ser consideradas produtoras de doenças físicas ou mentais. Até mesmo problemas de acesso a crédito e habitação ocorrem, como sintomas da homofobia.

O lesbianismo leva as mulheres a se afastarem dos locais de prestação de serviços de saúde. Entre fatores produtores de doenças estão o uso de drogas ilícitas, o tabaco, o álcool e o sofrimento psíquico. A ansiedade, a depressão, o constrangimento e o medo de agressão física geram problemas psíquicos. De outro lado, o despreparo de profissionais para lidar com tais problemas dentro dos centros de saúde desencadeia uma série de consequências negativas na população desatendida.

Simone de Beauvoir (2016, p. 161) pontua:

> Não existe distinção biológica rigorosa entre os dois sexos; um corpo celular idêntico é modificado por ações hormonais cuja orientação é genotipicamente definida, mas pode ser desviada no decurso da evolução do feto; disso resulta o aparecimento de indivíduos intermediários entre machos e fêmeas. Alguns homens apresentam uma aparência feminina porque a maturação de seus órgãos viris é tardia; do mesmo modo veem-se moças – em particular esportistas – transformarem-se em rapazes.

O relacionamento com outras mulheres pode desencadear também doenças sexualmente transmissíveis (herpes genital e tricomoníase – doença transmissível por secreção vaginal). A ignorância sobre tal possibilidade leva à exposição do relacionamento.

O transexual busca os aparelhos de saúde, normalmente, para a cirurgia de transgenitalização. O transtorno de identidade sexual que se instaura pode ser desconfortável. O conflito interno pode levar a outros transtornos psicológicos. Dificuldades com documentação e o relacionamento no ambiente de trabalho leva ao sentimento de inadaptação.

O Conselho Federal de Medicina, pela Resolução n. 1.652/02, autoriza a cirurgia. A Lei Orgânica de Saúde (n. 8080/90) reconhece que saúde não é apenas a ausência de doença, mas todo um plexo de situações que envolve a pessoa e possa perturbá-la física ou psicologicamente. A identidade de gênero é uma das circunstâncias que aceita o amparo do Estado.

28. Prostituição.

A prostituição feminina ou masculina demanda problemas de saúde pública. A transmissão de moléstias infectocontagiosas pode se disseminar com a dissolução dos costumes. A prostituição ocorre em qualquer classe social. É o aluguel do corpo durante um período mediante pagamento em dinheiro. O contato normalmente é feito sem cautelas, isto é, sem o uso de camisinhas, gerando risco de contaminação.

A propósito do tema há interessante romance de Mário Vargas Llosa – *Pantaleão e as visitadoras* – em que narra, saborosamente, a figura de um tenente do exército que é encarregado de aliciar prostitutas para acalmar os ânimos dos soldados no meio da selva amazônica.

Émile Zola também a retrata no romance *Naná*, mulher que se aborrecia durante o dia, mas se entrega a homens durante a noite.

O papel do Estado, em primeiro lugar, é o de evitar, por todos os meios preventivos, especialmente a distribuição de camisinhas, a propagação de moléstias venéreas. Na sequência, tendo havido transmissão de moléstia, cabe-lhe suportar o tratamento pelos organismos oficiais de exame. Além do diagnóstico, exames laboratoriais e remédios são distribuídos gratuitamente na rede pública.

Esse problema tem de ser estudado e analisado pelo ângulo das despesas públicas.

A prostituição é tida como a mais antiga das profissões. Hoje, a licenciosidade dos costumes e a liberdade sexual delimitou o problema. Mas, longe de estar afastado da sociedade, existe e é constatado em todas as cidades do país.

Tanto o homem como a mulher são atraídos por prazeres sexuais. Freud chega a colocar a libido como essência do ser humano. Em grande parte é verdade. Outros autores entendem que a atração da vida boa, da felicidade é transmitida pela religião, pela paz espiritual, pela busca do nirvana, por diversos meios, enfim.

Ocorre que o sexo é sempre um componente da vida. Há atração mútua entre os sexos e também no mesmo sexo.

Claro está que a prostituição mereceria uma análise mais detalhada, não apenas do ângulo da sociologia, mas também do ângulo psicológico. Exemplos como o de "Bruna surfistinha" levam o ser humano a se defrontar com problemas complicadíssimos. O que leva alguém a abandonar seu lar e dedicar-se à prostituição? Muitos e muitas fazem-no por prazer ou por necessidade e também por desequilíbrio psicológico.

Sociologicamente, as pessoas sentem que necessitam de mais recursos financeiros e não o logram. A partir daí buscam o caminho da prostituição para melhorar seu status. Inúmeras são as mulheres que, por qualquer tipo de situação, viraram mães solteiras e sem qualquer condição de criar seu filho. A saída, então, é auferir receitas extras.

Para o Estado, que se inquieta com tal situação, busca amparar as mães solteiras (despesa pública) providenciando cômodos para que se recolham durante um determinado período. Podem, então, conviver com o filho(a). Leite é fornecido em hospitais e casas de assistência. Eventualmente, utilizam creches. Mais recentemente, ao invés de manter creches estatais, os Municípios fornecem vouchers para acomodação em creches particulares.

O Estado (por suas três entidades federativas) tem o dever de amparar tais situações. A prostituta, no mais das vezes, não quis tal circunstância, mas assume-a como meio de subsistência própria e da criança.

Além de providências materiais, é importante que sejam amparadas psicologicamente, para que se preparem no retorno ao dia a dia. Ficam as mulheres abaladas, sem embargo da alegria de um filho(a) percebem a dificuldade que terão doravante.

Ocorre que não é apenas tal problema que se reflete em despesas públicas. Outras situações sociais igualmente merecem o amparo do Estado, como se passa a ver.

29. Queer.

A palavra é inglesa e identificava uma rua habitada por vagabundos, endividados e prostitutas. Foi traduzida por "viadinho ou sapatão". A primeira vez que foi utilizada foi para apontar o grande escritor Oscar Wilde. Podemos traduzi-la por transviado. A palavra é empregada por Judith Butler (2018).

A quebra do binarismo sexual leva à palavra a ser utilizada em diversos sentidos. É o que está fora do padrão da sociedade, referindo-se a lésbicas, bissexuais, transexuais. Etimologicamente, significa estranho, ridículo, excêntrico.

Platão, em *O banquete*, quando dialoga sobre o amor, reproduz as palavras de Fedro que se refere aos mitos. Pausânias afirma que o amor tanto recai sobre mulheres como sobre rapazinhos (184 a/e). Erixímaco busca a melhora das pessoas pelo amor. O discurso mais interessante provém de Aristófanes, o grande comediógrafo, ao dizer que os seres humanos tinham forma redonda e tentaram alcançar o Olimpo. Eles eram ou metade homem metade mulher, ou integralmente homens ou integralmente mulheres. Zeus os cortou pela metade. Assim, uma metade procura a outra. Se originalmente era apenas homem, a metade partida procura a outra (189 e a 192 b).

Afirma que o *andrógino* "então constituía uma unidade tanto na forma quanto no nome, um composto de ambos os sexos, o qual compartilhava igualmente do masculino e do feminino, ao passo que hoje se transformou meramente num nome insultuoso" (Platão, *Diálogos*, ed. Edipro, 2010, *O banquete*, 189 e, p. 58).

A teoria *queer* não propõe um mundo *queer*. Propõe apenas a discussão sobre a essência do masculino e do feminino. Pelo ângulo do desejo isso não existe. A composição morfológica de alguém nada tem a ver com seus desejos e sua forma de se sentir homem ou mulher.

As pessoas aproximam-se do problema da sexualidade sob os rótulos sexo e gênero. Um é biológico. Ninguém discute. Outro é o gênero, ou seja, como a pessoa se sente. Repudiando o corpo, pode adotar outra personalidade, alterando documentos, adaptando-os para o gênero a que pertence.

30. Despesas com participação eleitoral.

As mulheres têm pouco incentivo para participar do processo eleitoral. Timidez. Presença da corrupção. Falta de inspiração para ingresso na vida pública. Temor de boatos falsos. Cultura antiga e ultrapassada da resistência dos homens a conviver com as mulheres em pé de igualdade. Tudo leva a mulher a se distanciar da participação no processo eleitoral.

Como estímulo, a lei eleitoral acabou por reservar 20% de vagas para participação feminina (Lei n. 9.100/1995) nas eleições municipais de 1996. Posteriormente, a Lei n. 9.504/1997 fez reserva (não necessariamente o preenchimento) de 30% das candidaturas dos partidos e coligações para estimular que viessem a disputar cargos eletivos. Ocorre que as cotas não eram e continuam não sendo preenchidas.

A Lei n. 13.165/2015 estabeleceu, no art. 9º, um piso de 5% para a participação feminina. O relator, ministro Edson Fachin, entendeu que isso significaria que os homens receberiam 95%. Dispôs, então, que deveria haver o patamar mínimo de 30% dos recursos do Fundo Eleitoral para a participação feminina, pois esse é o percentual de tal parcela. A decisão foi proferida na

Adin n. 5.617. Fixou-se, então, que às mulheres deve ser destinado o mínimo de 30% do Fundo.

Há, pois, ações afirmativas e incentivos para que a participação político-eleitoral feminino cresça – apesar de tudo.

Como tudo no Brasil, a decisão foi deturpada em sua aplicação, pois os partidos repassam para as mulheres e as obrigam ou constrangem a devolver aos homens parte dos recursos a elas encaminhados.

31. A violência contra a mulher. Delegacias da mulher. Casas da Mulher. Tratamento físico e psicológico.

Historicamente, a mulher sempre foi violentada. Física e psicologicamente. A agressão física decorre da maior força do homem e da "tradição" cultural de que é herdeiro. Desde a infância o menino se vê em posição de superioridade em relação à menina. Nas brincadeiras. Nos jogos. Assim, e por força da cultura do machismo que prevalece no Brasil e no mundo, o homem recebe o beneplácito social e familiar da superioridade física.

Psicologicamente, vê-se a mulher ameaçada permanentemente dentro e fora de seu lar. O marido ou o companheiro é fruto das circunstâncias que vive no dia a dia. Dado à bebida e à reunião com amigos, forma uma rodinha nos bares ou dentro de sua casa e ali coloca a mulher em posição secundária. Não dá a mínima para os filhos, vistos como incômodos. A partir daí, negligencia a mulher. Esta se dedica, então, a procurar trabalhos internos para "passar o tempo" e procura compreender o comportamento masculino. Recebe ofensas, verbais ou físicas, é destratada em público. Começa seu calvário.

Estas cenas não são excepcionais. Ocorrem com frequência. Evidente que não acontece em todos os casos, mas damos exemplos de como, ainda hoje, a mulher se vê violentada.

Nem se diga que isso apenas ocorre na periferia das grandes cidades e nas comunidades mais pobres. Ao contrário, isso acontece em todos os lugares, porque não é uma questão de riqueza, mas de comportamento humano.

Os dados pesquisados revelam tal situação.

De acordo com os Relógios da Violência,[11] dados apontam que a cada 7,2 segundos uma mulher é vítima de violência doméstica.

O Ministério da Saúde registra que, no Brasil, a cada quatro minutos, uma mulher é agredida por ao menos um homem e sobrevive.[12]

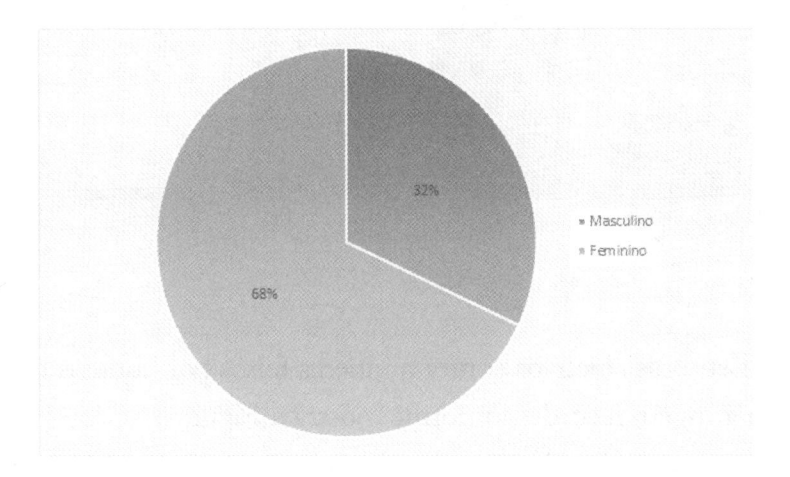

---

11 Disponível em: https://www.relogiosdaviolencia.com.br/#. Acesso em: 1 fev. 2020.
12 Disponível em: https://www1.folha.uol.com.br/cotidiano/2019/09/brasil-registra-1-caso-de-agressao-a-mulher-a-cada-4-minutos-mostra-levantamento.shtml. Acesso em: 1 fev. 2020.

A maior parte das vítimas de violência são mulheres, conforme mostra a Figura 3.

Figura 3 – Proporção de agressão por sexo

Com o passar dos anos essas agressões, ao invés de diminuírem, aumentaram. Os registros de violência sexual, por exemplo, tiveram aumento de 53%. A Figura 4 mostra um gráfico feito pelo sistema de notificações do Ministério da Saúde.

Figura 4: Tipos de violência contra a mulher

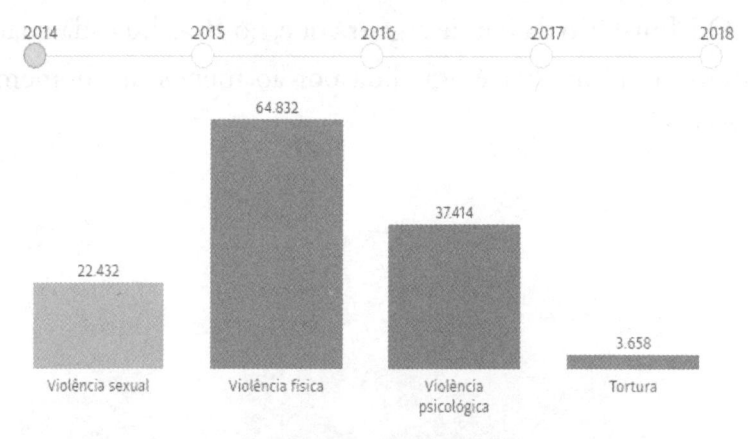

2014	2015	2016	2017	2018

- Violência sexual: 22.432
- Violência física: 64.832
- Violência psicológica: 37.414
- Tortura: 3.658

Fonte: Sinan/Ministério da Saúde; dados de 2018 são preliminares e estão sujeitos a alterações

Estupros coletivos contra mulheres feitos por homens também atingem recorde, conforme mostra a Figura 5.

Figura 5: Crescimento do número de estupros

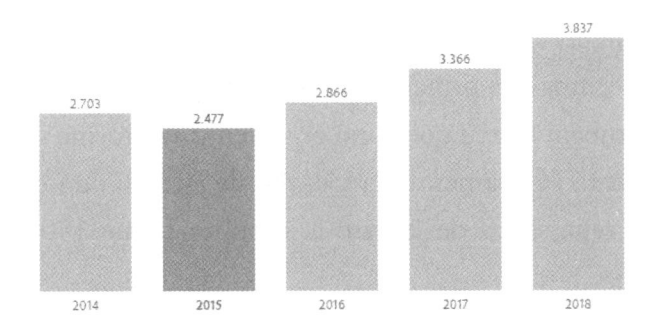

[Gráfico de barras: 2014: 2.703; 2015: 2.477; 2016: 2.866; 2017: 3.366; 2018: 3.837]

Fonte: Sinan/Ministério da Saúde; dados de 2018 são preliminares e estão sujeitos a alterações

As agressões aumentaram e o orçamento caiu.

Em 2014, a verba destinada às políticas para mulheres com o objetivo de promover a autonomia e o combate à violência chegava a R$ 95,3 milhões e caiu para R$ 20,4 milhões em 2018, queda de 79% no orçamento.[13]

Figura 6: Orçamento do programa de combate à violência contra a mulher (valores pagos de janeiro a julho – em R$ milhões).

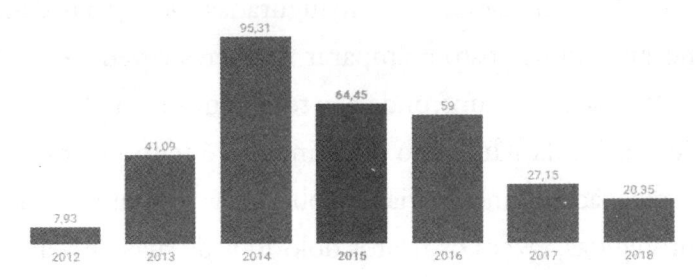

[Gráfico de barras: 2012: 7,93; 2013: 41,09; 2014: 95,31; 2015: 64,45; 2016: 59; 2017: 27,13; 2018: 20,35]

* programa "Política para mulheres: promoção da autonomia e enfrentamento à violência"
fonte: SigaBrasil

---

13 Disponível em: https://www.poder360.com.br/governo/recursos-para-combate-a-violencia-contra-a-mulher-caem-79-desde-2014/. Acesso em: 1 fev. 2020.

Os atendimentos do Ligue 180 – Central de Atendimento à mulher –, uma das principais ações em vigor cuja criação foi em 2005, também sofreu queda no orçamento, conforme Figura 7.

Figura 7: Orçamento da Central de Atendimento à mulher (valores repassados de janeiro a julho ao Ligue 180 – em R$ milhões)

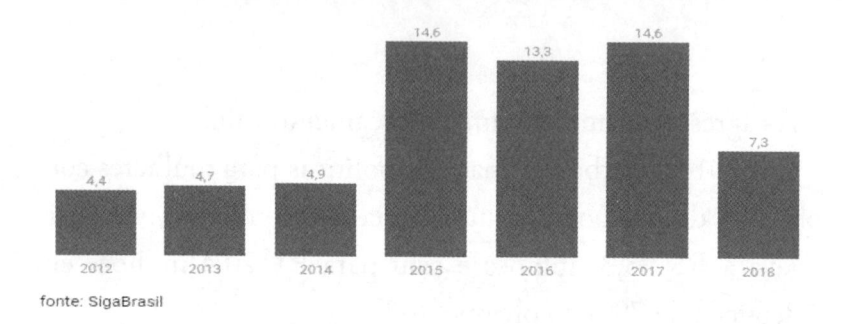

fonte: SigaBrasil

A Lei n. 11.340/2006 (Lei Maria da Penha) é o principal instrumento para coibir e punir a violência doméstica praticada contra mulheres no Brasil.

Em 2013, começaram a ser inauguradas Delegacias da Mulher, mecanismo disposto a amparar mulheres agredidas e retirá-las de Delegacias comuns, onde não recebiam adequada recepção. Nas Delegacias da Mulher, o atendimento é feito por mulheres, ou seja, delegada e funcionárias. Acobertadas e garantidas de que serão protegidas, fazem os relatos doloridos de suas desventuras.

Elas podem escolher ir para uma Casa da Mulher, local onde recebem atendimento físico e psicológico. O espaço revoluciona o atendimento por integrar, num mesmo local, a delegacia, o juizado, o Ministério Público e a Defensoria Pública, ao lado de apoio psicológico, brinquedoteca para os filhos, alojamento de passagem. O projeto é ambicioso e tem dado alguns resultados, embora com poucos efeitos práticos.

No mais das vezes, a mulher volta para o lugar da agressão e é de novo violentada. Inexiste aparato policial para manter as providências cautelares contidas na Lei Maria da Penha.

Mencione-se também os casos de estupro a que são submetidas mulheres (e também homens). O sexo contra o consentimento da parceira é uma das situações mais odiosas a que os bandidos submetem mulheres. A repugnância que causa o comportamento enoja qualquer ser humano. A beleza do sexo que deveria ser glorificada é arrastada à sujeira da pior conduta do homem.

De forma paralela, impõe-se também o tratamento do agressor. Sua reciclagem psicológica busca a recuperação. Profissionais qualificados dão orientação, explicam as situações de risco, apontam falhas no relacionamento e procuram a quebra do sistema machista que impera na sociedade.

Evidente está que todas as providências envolvem despesas que deve suportar o Poder Público, de forma integrada por meio das três entidades federativas. A construção de Delegacias especializadas no atendimento à mulher, as Casas da Mulher, para suporte psicológico, hospitais especializados, Defensoria Pública, Ministério Público e juizados especiais, todos esses equipamentos públicos envolvem despesas para os cofres públicos.

Os aparelhos de atendimento geral igualmente impõem despesas. O que se busca enfatizar é que, com o envolvimento em problemas específicos da mulher, o Estado é obrigado a despender verbas específicas. O objeto do trabalho é, exatamente, inserir a mulher no todo das despesas públicas. É ressaltar sua importância social. É deixar claro que o Estado tem de voltar seus olhos para a especificidade do problema.

32. Despesas com pessoas portadoras de deficiência.

Não podemos esquecer as pessoas que por vezes parecem ser invisíveis perante a sociedade. O princípio da igualdade prevê que devemos tratar igualmente os iguais e desigualmente os desiguais, na medida de suas diferenças.

Na busca de uma sociedade em que todos possam usufruir de oportunidades iguais, em 2015 entrou em vigor o Estatuto da Pessoa Com Deficiência (Lei n. 13.146).

O Decreto Legislativo n. 186/2008 incluiu como parte integrante da Constituição Federal o texto da Convenção sobre os Direitos das Pessoas com Deficiência e de seu Protocolo Facultativo assinados em New York em 30 de março de 2007. O assunto é de tal ordem importante que foi inserido no corpo da Constituição Federal, por força do disposto no § 3º do art. 5º. A saber, os tratados e convenções sobre direitos humanos, se aprovados em dois turnos por ambas as Casas Legislativas, passam a integrar a Constituição.

É certo que o Estado dê a devida atenção a pessoas que necessitam de mais cuidados e acessibilidade. Além de tentar eliminar as desigualdades sociais dos deficientes, precisamos atentar para o aspecto financeiro para implementar políticas públicas efetivas na melhora da situação dos portadores de deficiências.

O Estado pode e deve suportar despesas como aquisição de cadeiras de roda, aparelhamento público em calçadas e demais vias públicas para permitir fácil acesso, orientação psicológica, fornecimento de transporte entre casa e trabalho ou aparelhos públicos, tais como hospitais, creches etc.

Inúmeras são as entidades particulares que propiciam a tais pessoas amparo e meios de diminuir seus problemas. AACD, Lar e Escola São Francisco, casas espíritas, igrejas, inúmeras são as entidades que buscam auxiliar pessoas que necessitam de auxílio.

O Estado tem que se postar ao lado de tais iniciativas e, muito mais que isso, deve estabelecer políticas públicas para amenizar o sofrimento alheio. Não apenas com construções, mas com preparo de pessoas capacitadas para lidar com o problema. Tanto no campo clínico, médico, pediátrico, fisioterápico, etc., mas fundamentalmente, no âmbito material e psicológico.

Os direitos dessas pessoas abrangem várias áreas de atuação do setor público. O Estatuto trata dos seus direitos fundamentais, como educação, transporte e saúde; dispõe também sobre acessibilidade e uso de ciência e tecnologia, além de dispor sobre o acesso à justiça e o que acontece com quem infringe as exigências previstas na lei.

Para fazer valer esses direitos, existem custos. Para tanto, os direitos de pessoas com deficiência foram contemplados no Plano Plurianual (PPA) 2012-2015 da administração pública federal, programa 2063, tendo sido destinado valor ínfimo, menos de R$ 80 mil para o período de quatro anos, verdadeiramente simbólico (R$ 79.011). O valor aumentou significativamente no projeto de PPA 2016-2019, que prevê o montante de R$ 1.514.434, para o mesmo programa, que foi mantido (2063 — Promoção e Defesa dos Direitos das Pessoas com

Deficiência), e desdobra-se em dois objetivos (0442 — promover a efetivação dos direitos das pessoas com deficiência e sua igualdade de oportunidades, por meio do fomento à sua autonomia, independência e segurança; e 0736 — promover a acessibilidade e a equiparação de oportunidades para pessoas com deficiência em todas as áreas da vida em sociedade), cada um com as respectivas metas, iniciativas e órgãos responsáveis.[14]

Neste passo parece que homens e mulheres não se diferenciam. Todos devem ter a proteção do Estado e o amparo da sociedade, seja de forma individual ou por meio de entidades benemerentes.

33. Participação em empresas/diferenças salariais.

Há uma grande desigualdade entre homens e mulheres no mercado de trabalho. Uma pesquisa realizada pelo site Catho no ano de 2018 mostrou que as mulheres ganham menos do que os homens em todos os cargos, áreas de atuação e níveis de escolaridade pesquisados – a diferença salarial chegou a quase 53%.[15]

Figura 8: Diferença de salários por escolaridade.

---

14 Disponível em: https://www.conjur.com.br/2016-jan-12/contas-vista-recursos-sao-fundamentais-direito-pessoas-deficiencia. Acesso em: 1 fev. 2020.
15 Disponível em: https://g1.globo.com/economia/concursos-e-emprego/noticia/mulheres-ganham-menos-que-os-homens-em-todos-os-cargos-e-areas-diz-pesquisa.ghtml. Acesso em: 1 fev. 2020.

Diferença de salários por escolaridade
Pesquisa leva em conta a média salarial, em R$

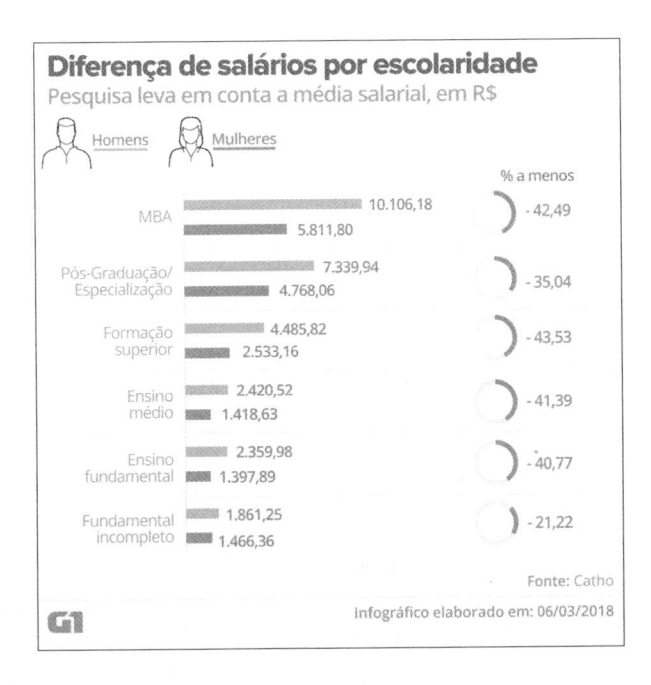

Homens / Mulheres

Escolaridade	Homens	Mulheres	% a menos
MBA	10.106,18	5.811,80	-42,49
Pós-Graduação/Especialização	7.339,94	4.768,06	-35,04
Formação superior	4.485,82	2.533,16	-43,53
Ensino médio	2.420,52	1.418,63	-41,39
Ensino fundamental	2.359,98	1.397,89	-40,77
Fundamental incompleto	1.861,25	1.466,36	-21,22

Fonte: Catho
Infográfico elaborado em: 06/03/2018
G1

Figura 9: Diferença de salários por cargos (pesquisa leva em conta a média salarial, em real).

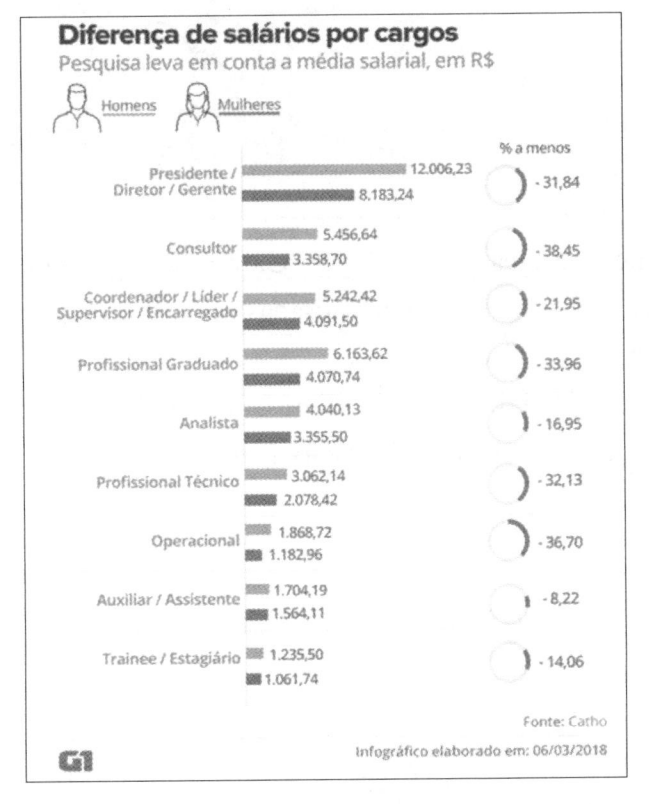

Diferença de salários por cargos
Pesquisa leva em conta a média salarial, em R$

Homens / Mulheres

Cargo	Homens	Mulheres	% a menos
Presidente / Diretor / Gerente	12.006,23	8.183,24	-31,84
Consultor	5.456,64	3.358,70	-38,45
Coordenador / Líder / Supervisor / Encarregado	5.242,42	4.091,50	-21,95
Profissional Graduado	6.163,62	4.070,74	-33,96
Analista	4.040,13	3.355,50	-16,95
Profissional Técnico	3.062,14	2.078,42	-32,13
Operacional	1.868,72	1.182,96	-36,70
Auxiliar / Assistente	1.704,19	1.564,11	-8,22
Trainee / Estagiário	1.235,50	1.061,74	-14,06

Fonte: Catho
Infográfico elaborado em: 06/03/2018
G1

Com relação à distribuição das mulheres entre cargos de gestão pesquisados, houve uma pequena melhora desde 2011, conforme Figura 10.

Figura 10: Proporção de mulheres nos cargos (progressão em 6 anos, em %).

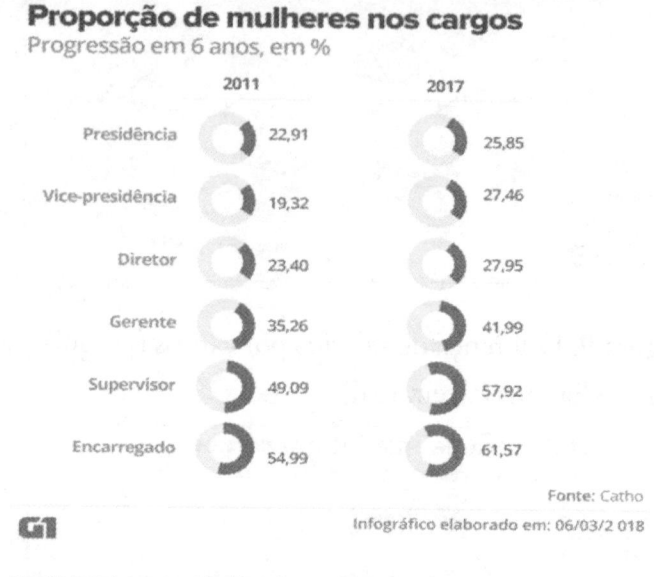

Proporção de mulheres nos cargos
Progressão em 6 anos, em %

	2011	2017
Presidência	22,91	25,85
Vice-presidência	19,32	27,46
Diretor	23,40	27,95
Gerente	35,26	41,99
Supervisor	49,09	57,92
Encarregado	54,99	61,57

Fonte: Catho
Infográfico elaborado em: 06/03/2018

G1

Proporção das mulheres ao longo dos últimos seis anos em cargos de gestão — Foto: Karina Almeida/G1

A pesquisa realizada pelo site Catho mostrou ainda que em todas as áreas de atuação pesquisadas as mulheres ganham menos que os homens.

Figura 11: Diferença de salários por área de atuação (pesquisa leva em conta a média salarial, em R$)

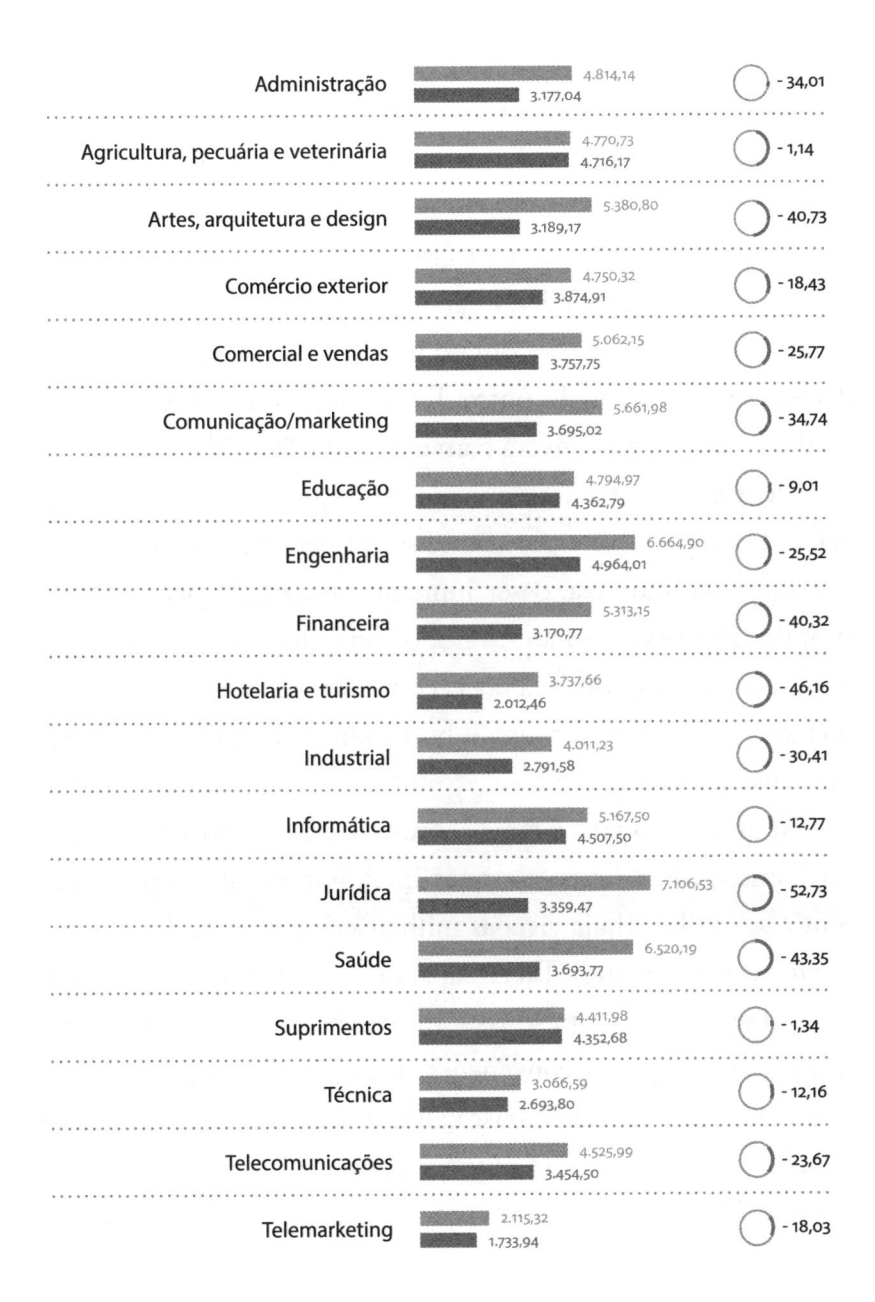

Área	Maior	Menor	Variação (%)
Administração	4.814,14	3.177,04	-34,01
Agricultura, pecuária e veterinária	4.770,73	4.716,17	-1,14
Artes, arquitetura e design	5.380,80	3.189,17	-40,73
Comércio exterior	4.750,32	3.874,91	-18,43
Comercial e vendas	5.062,15	3.757,75	-25,77
Comunicação/marketing	5.661,98	3.695,02	-34,74
Educação	4.794,97	4.362,79	-9,01
Engenharia	6.664,90	4.964,01	-25,52
Financeira	5.313,15	3.170,77	-40,32
Hotelaria e turismo	3.737,66	2.012,46	-46,16
Industrial	4.011,23	2.791,58	-30,41
Informática	5.167,50	4.507,50	-12,77
Jurídica	7.106,53	3.359,47	-52,73
Saúde	6.520,19	3.693,77	-43,35
Suprimentos	4.411,98	4.352,68	-1,34
Técnica	3.066,59	2.693,80	-12,16
Telecomunicações	4.525,99	3.454,50	-23,67
Telemarketing	2.115,32	1.733,94	-18,03

34. A estética e a mulher.

Uma das modernas discussões que se coloca é a obrigatoriedade de o Estado, por meio de seus planos de assistência à saúde, propiciar à mulher cirurgias estéticas.

A Constituição Federal garante a dignidade da pessoa humana (art. 5). A natureza dota o indivíduo com suas especificidades. Nenhum é igual a outro. Todos são diferentes. Logo, cada qual tem seu corpo e viverá com ele por toda a vida.

Ocorre que, em determinadas situações, seja por força de acidente corporal, seja por não se sentir bem com o corpo dado por força da natureza, o ser humano busca ficar bem consigo próprio. Por vezes, e não é raro, o indivíduo não se conforma com suas orelhas, com sua boca, com outras partes do seu corpo que aparecem sobre a roupa e busca eliminar aquela parte que lhe causa transtorno.

Na mulher, o fato é mais comum (embora não seja exceção no homem). Por vezes, ela quer melhorar sua imagem e quer sentir-se melhor (haja vista as milhares de cirurgias de seio que são feitas anualmente). Tal circunstância permite que ela se sinta mais desejada, mas não só isso. Busca psicologicamente sentir-se melhor, porque as convenções da sociedade assim impõem. O homem, de outro lado, busca alterar seu nariz, eventualmente seu abdômen que contém muita gordura.

Isso leva ao questionamento normal: o Estado é obrigado a suportar a cirurgia plástica estética? A legislação civil proíbe a disposição do próprio corpo, quando envolver diminuição permanente da integridade física ou contrariar os "padrões estabelecidos", de acordo com o art. 13 da Lei n. 10.406/2002 do Código Civil.

A cirurgia assim desejada é uma obrigação de resultado. O profissional se obriga a realizá-la de acordo com o que foi combinado e o contratante exige que a cirurgia tenha sido efetuada e produza o resultado desejado. É jurisprudência que assim estabelece (STJ, RESP 1180815/MG, rel. Min. Nancy Andrighi, DJe 26/08/2010).

Mas o problema que se busca discutir não é o da responsabilidade do médico. Mas, se uma vez necessária a cirurgia estética deve ser feita e se os organismos estatais são obrigados a suportar a despesa.

Na hipótese de planos particulares, tudo irá depender do que se convencionou. A cláusula contratual de exclusão pode ser válida perante as partes e desobrigar o plano de suportar as despesas com a execução cirúrgica.

O problema que se coloca é se há obrigatoriedade do gasto público em face da manutenção estética do ser humano.

Dividamos o problema. Se o que se busca é cirurgia reparadora parece ser indubitável a responsabilidade do Estado. Por exemplo, se uma mulher tem câncer de seio e vê-se obrigada à extração ou remoção provisória para eliminação do nódulo, parece evidente que o Estado tem a obrigação de suportar os custos com tal cirurgia reparatória.

Compliquemos. E se a cirurgia for meramente estética para agradar o paciente ou a paciente? A mulher não está contente com seu seio nem o homem com seu nariz. A cirurgia meramente estética deve ser realizada às custas do Estado?

Estabelece o art. 196 da Constituição Federal: "A saúde é um direito de todos e dever do Estado, garantido mediante políticas sociais e econômicas que visem à redução do risco de doença e de outros agravos e ao acesso universal e igualitário às ações e serviços para sua promoção, proteção e recuperação".

Sem dúvida, cabe ao Estado estruturar serviços de prestação de saúde a todos. Mas estaria obrigado a satisfazer valores íntimos de vaidade, por exemplo? Se alguém deseja efetuar uma cirurgia de seio ou de nariz apenas para melhorar a aparência, poderia a despesa ser suportada pelo serviço médico estatal? Estaria o Estado obrigado a estabelecer um item orçamentário para suportar gasto com cirurgia estética por meio do SUS?

É preciso fazer uma distinção entre cirurgia plástica estética e cirurgia plástica reparadora. A segunda tem o objetivo de corrigir deformidades congênitas ou adquiridas (traumas). Pode-se mencionar a labiopalatal, a lipodistrofia e os queimados. A deformação física natural do lábio (lábio leporino, por exemplo) ou defeito no palato pode ser objeto de cirurgia e o Estado é obrigado a suportar o custo. Da mesma forma a lipodistrofia. Pessoas portadoras de HIV/Aids, embora tenham amparo legal e melhorado sua situação física, passam a ter alterações metabólicas. Por causa de tais alterações ocorre o aumento da gordura corporal. A lipoatrofia ocorre na região da face, membros superiores e inferiores e nádegas. O excesso atinge o abdome, a região cervical e as mamas.

O Estado também é obrigado a suportar cirurgias reparadoras nas hipóteses de queimaduras.

O que se dizer da cirurgia meramente estética? Não passa a estética a fazer parte da personalidade das pessoas?

Isso nos leva à indagação sobre o que é a identidade. O indivíduo vive em uma comunidade. No dizer de Agnes Heller (2008, p. 96): "A comunidade é uma unidade estruturada, organizada, de grupos, dispondo de uma hierarquia homogênea de valores e à qual o indivíduo pertence necessariamente". A sujeição não é permanente nem perpétua. O homem não é englobado pela comunidade. É integrante dela, mas não desaparece nela. É que se transforma em seu eu livre da comunidade. Torna-se indivíduo, criando sua própria identidade.

A identidade qualifica o indivíduo. Não é um ente amorfo numa totalidade. Ao contrário, ele se caracteriza como si próprio. Possui caracteres exclusivos que o distinguem dos demais. Cada qual, nesse sentido, tem sua identidade. Mais ou menos ligada à comunidade a que pertence. Pode integrar-se nela completamente ou dela se distinguir. O indivíduo pode se dissolver na sociedade. Perder sua identidade na subordinação total e completa nos costumes e valores da comunidade. Não a perde em verdade, mas identifica-se com a comunidade, aceitando, cegamente, seus valores.

Fernando Pessoa criou seus heterônimos. Em carta a Armando Côrtes-Rodrigues (19.11.194) ele diz: "Eu já não sou eu. Sou um fragmento de mim conversado num museu abandonado". A carta enviada a Adolfo Casais Monteiro é maravilha de prosa e de mistura de identidades. Diz: "a origem de meus heterônimos é o fundo traço de histeria que existe em mim". Ele descreve fisicamente Álvaro de Campos, Ricardo Reis, Alberto

Caeiro. Chega a construir vida para eles. O grande autor português perdeu-se em identidades.

Zygmunt Baumann (2005, p. 26) afirma que "A ideia de identidade nasceu da crise do pertencimento e do esforço que esta desencadeou no sentido de transpor a brecha entre o deve e o é e erguer a realidade ao nível de padrões estabelecidos pela ideia – recriar a realidade à semelhança da ideia".

Não podemos mudar nossa identidade à imagem do lendário Proteu que alterava sua forma a todo instante. A identidade nos marca como um carimbo. Adquirimos certas características que nos acompanharão a vida toda.

Aí é que surge o problema da mulher no mundo contemporâneo. Ela busca, à imagem de Proteu, mudar sua forma a todo instante. Procura identificações várias dependendo das circunstâncias. Os abastados não se conformam em viver suas vidas tal como lhes foram designadas. Buscam a variação do momento. Por consequência, surgem as decepções.

Como diz Lipovetsky "a intensificação na busca dos deleites pessoais não é o resultado da desilusão política; ela ganhou uma espécie de 'autonomia de voo', dando a entender que ela existe pela criação sistemática de novos mercados, de novos lazeres e de desenvolvimento individual" (2007, p. 43).

É verdade que a mulher busca o contemporâneo, busca a felicidade no mundo tecnicista, mas, como diz o mesmo autor "a felicidade continua sendo o ente mais ingovernável, mais imprevisível de todos" (ob. cit., p. 51).

A mulher ao se atrair por marcas, por grifes, por roupas e sapatos, por perfumes de diversas marcas, por cosméticos franceses de alta qualidade, passa a viver num mundo além de sua identidade.

Foge dos padrões comuns a que de nascimento estava habituada para viver num mundo utópico. Não podem ser criticadas por isso. A maciça propaganda, a competição, a sociedade consumista em que vivem tudo as leva a buscar modos de adaptação à nova realidade.

Vê-se, pois, que a cirurgia estética passa a ser integrante da personalidade da mulher e faz sua identidade no mundo em que passa a viver. Não é mais o mundo romântico do interior, nem das dimensões sociais a que se vê "jogada". Passa a ser outro mundo para o qual tem de estar preparada. Novos rótulos. Novos instrumentos de consumo. Novas necessidades eletrônicas. Novos cosméticos. Novas possibilidades de busca da felicidade. Novas competições. Novos desejos de reestruturar seu corpo para ser admirada ou até mesmo para se sentir mais feliz.

"Fragilidade, teu nome é mulher", disse Hamlet (Shakespeare). Ela se vê seduzida pelo chamamento da imprensa, da impressionante propaganda na mídia, da absurda divulgação de novos desejos que se satisfazem com novas necessidades. Ela busca, não apenas para satisfação da comunidade em que vive, com o que adquire nova identidade, mas também para seu aperfeiçoamento pessoal.

Assim, em indagação final: a cirurgia estética é dever do Estado?

Por ora não nos parece que assim deva ser. O Estado tem deveres com a sociedade como um todo e deve desenvolver políticas públicas para atender a todo um plexo de necessidades coletivas mais importantes, como saúde, educação, saneamento básico e transporte. Logo, a cirurgia estética ainda há de aguardar seu lugar no âmbito da despesa pública.

Não se descarta, entretanto, em breve termo, que a cirurgia estética passe a ser de tal forma importante na identidade do ser humano (já não falo só na mulher) que ela venha a ter previsão orçamentária. Num primeiro momento para determinadas cirurgias de embelezamento. Mais adiante, numa segunda etapa, para atender a todos e a tudo, erigindo a beleza como ideal e, pois, surgindo nova política pública.

A beleza, num primeiro lance, pode ser mera cogitação estética; num segundo momento, exigência individual e, mais adiante, necessidade coletiva. O Estado, então, ver-se-á compelido a estabelecer previsão orçamentária para atendê-la.

Não se está fazendo exercício de futurologia, mas apenas imaginando o que possa ser o futuro da humanidade e que se erija a beleza como bem necessário e não mais como secundário.

Por exemplo uma mulher que descobre ter um câncer de mama. Além do tratamento da doença em si, muitos outros fatores devem ser levados em consideração. Não é simplesmente extrair um tumor da mama de uma mulher. Há um impacto psicológico muito forte, pois é necessário realizar uma cirurgia de mastectomia (retirar a mama) e tratamento quimioterápico, que conta com a perda de cabelos e pelos no corpo. Tudo isso pode influenciar muito na autoestima da mulher.

Atualmente, a reconstrução da mama é um direito garantido por lei, muitas vezes, a paciente não tem conhecimento, mas independente se a cirurgia for feita pelo SUS ou pelos planos de saúde, elas têm o direito da reconstrução.

Além do Estado ter o dever de auxiliar a mulher no tratamento do câncer de mama, há um projeto de lei (PL 715/2019) que prevê prioridade de atendimento no serviço de assistência psicológica e social e preferência na realização de cirurgia plástica reparadora, pelo SUS, para a mulher vítima de agressão da qual resulte dano à sua integridade física e estética.

A mulher vem conquistando seu espaço na sociedade, bem como batalhando por seus direitos. O poder público precisa dar suporte e olhar com mais atenção aos problemas que as mulheres passam.

35. A ética.

O problema das desigualdades sociais e a situação da mulher na sociedade moderna e à luz do direito financeiro merece ser analisada sob o óptica ética. Ética significa, em termos amplos, o estudo do comportamento humano. A sociedade pauta o ser para que aja de forma adequada. O que é agir de forma adequada? É atuar de acordo com determinados padrões em determinada época. Normalmente, caracteriza-se pelo que é *bom* ou pelo que é *mau, ou pelo bem ou pelo mal,* o que é *certo* e o que é *errado*.

Quem estabelece os padrões de comportamento? Como se deixou claro em outro texto (OLIVEIRA, 2016), a sociedade é permeada de conflitos permanentes. Para disciplina-los, são editadas leis pelos processos previstos na Constituição e pelos costumes que nascem da cotidiana prática e que fixam as condutas esperadas da sociedade.

A *filosofia moral* irá debruçar-se sobre os valores morais de um grupo ou de determinada sociedade. Em exaustivo debate,

Platão coloca em discussão qual é o significado de *virtude cívica*, "esfera em que podem ser inteiramente norteadas pela justiça e o bom senso" (PLATÃO, 2000, linhas 323 a e b). Seria crível aceitar que todos os homens possuem parcela da virtude (323 c).

Crê Comte-Sponville (2007, p.7) que a virtude pode ser ensinada pelos exemplos. Alguns entendem que a virtude consiste na natureza do homem enquanto ele pode fazer certas coisas que se podem conhecer apenas por sua natureza.

Evidente que o certo e o errado advêm de conceitos solidificados na sociedade. Quem os impõe são os exemplos, a tradição e mesmo as leis.

Como ensina João Maurício Adeodato (2012, p. 71): "Com a expressão *ethos* os gregos antigos queriam significar aquela dimensão da vida humana sobre que incidem normas, *nomoi*, normas destinadas a fornecer parâmetros para decidir entre opções de conduta futura igualmente possíveis e mutuamente contraditórias".

Tanto no texto grego como na citação do jurista, o conteúdo do conceito é um só: paradigmas de comportamento. Escolhas possíveis dentro de determinados valores disseminados na sociedade.

Sem dúvida que o Direito Financeiro tem suas pautas também regidas pelos princípios éticos que permeiam a estrutura social. Tanto em relação às desigualdades sociais que tem obrigação de ser instrumento de correção de rumos, como anteparo às mulheres no que tange às injustiças de que são vítimas.

O Estado tem por dever equilibrar os pratos desequilibrados da balança, seja em relação às absurdas diferenças sociais em que os diferentes são tratados de forma repudiada, seja em relação às mulheres que não logram a igualdade nos diversos setores da vida comum.

Princípios éticos devem instruir os agentes políticos na perseguição do tratamento desigual das desigualdades.

36. Conclusões.

Do quanto se expôs é imperioso extrair algumas conclusões sobre a situação da mulher na sociedade contemporânea. Muitos caminhos foram percorridos, por vezes em sendas escondidas, outras por amplas avenidas, mas sempre com o sentimento de que o mundo foi criado pelos homens e a eles pertence. As religiões ajudam tal perspectiva.

Ocorre que homem e mulher são absolutamente iguais em direitos e capacidades. Apenas os distingue o aspecto biológico. Ocorre que não é o sexo que lhes traça a natureza. É o gênero. O fato de nascer homem ou mulher é meramente acidental. Forma-se sua identidade ao longo da vida.

Ocorre que sob a óptica do direito financeiro as situações diferem. A mulher tem problemas que o homem não tem. O aborto é um deles. O homem não gera. Só germina. O Estado, então, tem despesas com o aborto que, sob nossa óptica deve ser consentido até os quatro meses da gestação. A mulher é dona de seu corpo e decide o que fazer com ele.

Ocorre que o Estado, ao legalizar o aborto consentido, deve instituir toda a rede de hospitais públicos para realizar a cirurgia.

Diga-se o mesmo em relação às cirurgias para identificação dos transexuais. A malformação física a prejudicar a identificação do gênero deve ser superada com operações transformadoras e restauradoras. Isso ocasiona gastos que devem ser suportados pelo Poder Público, uma vez que dá dignidade à pessoa humana, em face de não se aceitar que alguém possa viver em um corpo que não é o seu.

De seu turno, o Estado deve suportar gastos com adaptação dos presídios para neles albergar mulheres. Não apenas adaptá-los, mas construí-los com toda comodidade para que presas possam amamentar seus filhos e criá-los em ambiente não tão hostil. Da mesma forma deve proceder em relações aos travestis e transexuais. Dar-lhes dignidade é cumprir a Constituição Federal.

Deve prover centros de amparo à mulher que tem seu filho no interior de uma cela, mas casas em que possa ter amparo psicológico posterior à sua liberação são despesas necessárias e importantes. Delegacias da mulher em que esta receba acolhimento apropriado quando agredida ou violentada. Casas de trânsito onde possa ficar por determinado tempo longe do agressor, mas em contato com sua família são imprescindíveis. Promotorias que possam acompanhar a recuperação e postular pela prisão e condenação de maridos, companheiros, amantes de toda espécie fazem parte da estrutura estatal de amparo às mulheres. Não apenas estas, mas travestis e transexuais também devem gozar do mesmo direito.

Diante de todos os preconceitos que forçaram a mulher dentro da sociedade a se submeter a situações vexatórias, o Estado deve fazer esforço para redimir suas faltas. Assim, deve inseri-las em contexto político, propiciando-lhes espaço em legendas e suportando despesas dentro dos partidos para sua inserção política. O gasto público é bastante justificável em relação ao estímulo da mulher não apenas em participar, mas ter garantia mínima de despesas.

As mulheres negras devem receber tratamento especial, uma vez que sempre ficaram à margem da sociedade. Desde a escravidão, passando pela abolição sem preparo para o enfrentamento de uma sociedade absolutamente desigual e não havendo integração no mercado de trabalho, as mulheres negras foram as que mais sofreram. Em sua maioria, assumem cargos inferiores, repercutindo a mesma situação da casa grande e senzala.

Ações positivas devem ser entusiasmadas para inserção não apenas no mercado de trabalho, mas também para dignidade da cidadania.

Enfim, muito caminho já se andou, mas há muitos passos ainda a dar e veredas a percorrer para se chegar a uma grande avenida de igualdade.

Referências

ADEODATO, João Maurício. *Ética & retórica* – para uma teoria da dogmática jurídica. 5. ed. São Paulo: Saraiva, 2012.
AGAMBEN, Giorgio. *O que resta de Auschwitz*. São Paulo: Boitempo, 2010.
_____. *Homo sacer*. vol. 1. Belo Horizonte: UFMG, 2002.
AGOSTINHO, Santo. *A cidade de Deus*. Petrópolis: Vozes, 1989.
ALEXY, Robert. Constitutional Rights, Balancing and Rationality. *Ratio Juris*. v. 16, n. 2, jun. 2003.
_____. Justification and Application of Norms. *Ratio Juris*. v. 6, n. 2, jul. 1993.
ARENDT, Hannah. *A promessa da política*. 2. ed. Rio de Janeiro: Difel, 2009.
_____. *Origens do totalitarismo*. São Paulo: Companhia das Letras, 2006.
ARISTÓFANES. *As nuvens*: uma comédia grega. Rio de Janeiro: Expresso Zahar, 1995.
_____. *A greve do sexo (Lísistrata)*: uma comédia grega. Rio de Janeiro: Expresso Zahar, 1995.
_____. *A revolução das mulheres*: uma comédia grega. Rio de Janeiro: Expresso Zahar, 1996.
ARISTÓTELES. *Política*, 1278 b. Bauru: Ed. Edipro, 1995.
_____. *Metafísica*. Capítulo V, 12. 2. ed. São Paulo: Edipro, 2012, p. 149.
ARRUZZA, Cinzia; BHATTACHARYA, Tithi; FRASER, Nancy. *Feminismo para os 99%* – um manifesto. São Paulo: Boitempo, 2019.
AUFFRET, Séverine. *Une histoire du feminism*. Paris: L'Observatoire, 2018.
BANDEIRA DE MELLO, Celso Antonio. *O conteúdo jurídico do princípio da igualdade*. São Paulo: Revista dos Tribunais, 1980.
BARRETO, L. *Os Bruzundangas*. Rio de Janeiro: L & M Pocket, 2010.
BAUMAN, Zygmunt. *Vida a crédito*. Rio de Janeiro: Zahar, 2010.
_____. *Comunidade* – a busca por segurança no mundo atual. Rio de Janeiro: Zahar, 2001.
_____. *Identidade*. Rio de Janeiro: Zahar, 2005.
_____. *Vida líquida*. 2. ed. Rio de Janeiro: Zahar, 2009.

BEARD, Mary. *SPQR – uma história da antiga Roma*. São Paulo: Planeta, 2017.

BEAUVOIR, Simone. *O segundo sexo*. Rio de Janeiro: Nova Fronteira, 2016. vols. I e II.

BERLIN, Isaiah. *Quatro ensaios sobre liberdade*. Brasília: Editora UnB, 1969.

BOBBIO, Norberto. *A era dos direitos*. Rio de Janeiro: Campus, 1991.

BOURDIEU, Pierre. *A dominação masculina*. 8. ed. Rio de Janeiro: Bertrand Brasil, 2010.

BRASIL. ADI-MC n. 2566/DF. Relator: Min. Sydney Sanches. Julgamento: 22/05/2002. Órgão Julgador: Tribunal Pleno.

BRASIL. HC n. 94147/RJ. Relatora Ministra Ellen Gracie. Julgamento: 27/05/2008. Órgão julgador: Segunda Turma.

BROWN, Peter. *História da vida privada*. São Paulo: Companhia de Bolso, 2010.

BUAQUE DE HOLANDA, Sérgio. *Raízes do Brasil*. 11. ed. Rio de Janeiro: José Olímpio, 1977.

BUTLER, Judith. *Problemas de gênero* – feminismo e subversão de identidade. Rio de Janeiro: Civilização Brasileira, 2018.

CHAUÍ, Marilena. *Convite à filosofia*. 12. ed. São Paulo: Ática, 2002.

CHIMAMANDA, Nbozi Adichie. *O perigo de uma história única*. São Paulo: Companhia das Letras, 2019.

_____. *Sejamos todos feministas*. São Paulo: Companhia das Letras, 2019.

COMTE-SPONVILLE, André. *Pequeno tratado de grandes virtudes*. São Paulo: Martins Fontes, 2007.

_____. *Valor e verdade*. São Paulo: Martins Fontes, 2008.

COULANGES, Fustel. *A cidade antiga*. 12. ed. São Paulo: Hemus, 1996.

DAVIS, Angela. *A democracia da abolição* – para além do império, das prisões e da tortura. Rio de Janeiro: Difel, 2019.

ELIAS, Norbert. *O processo civilizador*. vol. I. Rio de Janeiro: Zahar, 2011.

ÉSQUILO. *Os persas*. São Paulo: Iluminuras, 2019.

_____. *Oresteia*. São Paulo: Iluminuras, 2004.

EURÍPIDES. *Hipólito*. São Paulo: Martins Claret, 2017.

_____. *Hécuba*. 5. ed. Rio de Janeiro: Ed. Jorge Zahar, 2004.

_____. *Alceste*. São Paulo: Martins Claret, 2017.

FAVOREAU, Louis; Philip, Löic. *Les Grandes Décisions du Conseil Constitutionnel*. 10. ed. Paris: Dalloz, 1999.
FEDERICI, Silvia. *Calibã e a bruxa*. São Paulo: Elefante, 2018.
FINLEY, Moses. *O legado da Grécia*. Brasília: Editora Unb., 1998.
FOUCAULT, Michel. *Em defesa da sociedade*. São Paulo: Martins Fontes, 2005.
_____. *Nascimento da biopolítica*. São Paulo: Martins Fontes, 2008. Coleção Tópicos.
_____. *A verdade e as formas jurídicas*. Rio de Janeiro: PUC/Nau Editora, 2008.
_____. *O governo de si e dos outros*. São Paulo: Martins Fontes, 2010.
_____. *Os anormais*. São Paulo: Martins Fontes, 2010.
_____. *Ditos e escritos*. vol. VII. Rio de Janeiro: Forense Universitária, 2011.
_____. *A coragem da verdade*. São Paulo: Martins Fontes, 2011.
_____. *O governo dos vivos*. São Paulo: Martins Fontes, 2014.
_____. *A sociedade punitiva*. São Paulo: Martins Fontes, 2015.
_____. *A arqueologia do saber*. 8. ed. Rio de Janeiro: Forense Universitária, 2017.
_____. *Microfísica do poder*. 32. ed. São Paulo: Graal, 1981.
_____. *Ditos e escritos*. vol. I. Rio de Janeiro: Forense Universitária, 2011.
_____. *Ditos e escritos*. vol. IV. Rio de Janeiro: Forense Universitária, 2010.
_____. *Ditos e escritos*. vol. VI. Rio de Janeiro: Forense Universitária, 2011.
FREYRE, Gilberto. *Casa grande e senzala*. São Paulo: Círculo do Livro, 1933.
GIORDANI, Mário Curtis. *História da Grécia*. 10. ed. Petrópolis: Vozes, 2012.
_____. *História de Roma*. 18. ed. Petrópoles: Vozes, 2012.
GIRARD, René. *A violência e o sagrado*. Rio de Janeiro: Paz e terra, 1998.
GIRARD, René. *O bode expiatório*. São Paulo: Paulus, 2014.
GUINZBURG, Carlo. *O queijo e os vermes*. São Paulo: Companhia das Letras, 2006.
GUINZBURG, Carlo. *História noturna*. São Paulo: Companhia das Letras, 2012.
GRACIE, Ellen. HC 93.250/MS, publ. 27/6/08.

HABERMAS, Jürgen. *Direito e democracia*. Rio de Janeiro: Tempo Brasileiro, 2010. vol. 1.

_____. *Mudança estrutural da esfera pública*. Rio de Janeiro: Biblioteca Tempo Universitário, 2003.

HADOT, Pierre. *O véu de Isis*. São Paulo: Loyola, 2006.

HEGEL, Georg. *Princípios da filosofia do direito*. São Paulo: Martins Fontes, 2003.

HELLER, Agnes. *O cotidiano e a história*. 8. ed. São Paulo: Paz e Terra, 2008.

HERÓDOTO. *História*. Livro II. Gredos, Madrid: Básica, 2000.

HESÍODO. *Os trabalhos e os dias*. São Paulo: Ed. Iluminuras, 2008.

HOMERO. *Odisseia*. São Paulo: Companhia das Letras, 2014.

IONESCO. *Coleção Abril Cultural*. São Paulo: Civita, 1976.

ITÁLIA. *Giurisprudenza Costituzionale*, ano XX, 1975, p. 117 et seq.

_____. *Giurisprudenza Costituzionale*, ano XXVI, 1981, sentenza 108, fasc. 06, p. 908 et seq.

KOMMERS, Donald P. *The Constitutional Jurisprudence of the Federal Republic of Germany*. 2. ed. Durham: Duke University Press, 1997.

LEFÈVRE, François. *História do mundo grego antigo*. São Paulo: Martins Fontes, 2013.

LE GOFF, Jacques. *La civilisation de l'occident medieval*. Cidade: Flammarion, 1964.

_____. *Heróis e maravilhas da Idade Média*. Petrópolis: Vozes, 2009.

LIPOVETSKY, Gilles. *A sociedade da decepção*. Barueri: Manole, 2007.

LLOSA, Mário Vargas. *El paraíso en la outra esquina*. Espanha: Alfaguara, 2003.

LÖIC, Philip; FAVOREAU, Louis. *Les grandes décicions Du Conseil Constitutionnel*. 10. ed. Paris: Dalloz, 1999.

MACHADO DE ASSIS. *O alienista*. Rio de Janeiro: Nova Agular, 2008.

MARX, Karl. *O Capital*. vol. I. 2. ed. São Paulo: Nova Cultural, 1985. (Coleção Os Economistas).

_____. *Para a crítica da economia política*. São Paulo: Nova Cultural, 1986.

MATTARELLA, Bernardo Giorgio. Il problema della povertà nel diritto amministrativo. *In: Rivista trimestrale di diritto pubblico*. Milão: Giuffré, 2012.

MAYNEZ, Garcia. *El ordenamento jurídico*. Madrid: Institute Editorial Reus, 1963.
MILL, John Stuart. *A sujeição das mulheres*. Coimbra: Almedina, 2006.
MONTAIGNE. *Ensaios*. Coleção Os pensadores. São Paulo: Abril Cultural, 1972, II, 19.
MONTESQUIEU. *Cartas persas*. São Paulo: Nova Alexandria, 2005
_____. *Do espírito das leis*. São Paulo: Martin Claret, 2002.
NABUCO, Joaquim. *O abolicionismo*. Rio de Janeiro: Nova Fronteira, 2000. (Coleção Grandes Nomes do Pensamento Brasileiro).
OLIVEIRA, Regis Fernandes de. *Em defesa dos direitos humanos*. Brasília: Câmara dos Deputados, 2010.
_____. *Gastos públicos*. São Paulo: Revista dos Tribunais, 2012.
_____. *Indagação sobre os limites da ação do Estado*. São Paulo: Revista dos Tribunais, 2016.
_____. *Curso de direito financeiro*. 8. ed. São Paulo: Malheiros, 2019.
_____. *Interpretação, paixões e direito*. Barueri: Novo Século, 2019.
PERRY, Marvin. *Civilização ocidental* – uma história concisa. São Paulo: Martins Fontes, 1999.
PIKETTY, Thomas. *O capital no século XXI*. Rio de Janeiro: Intrínseca, 2014.
PLATÃO. Protágoras. *In: Fédon*. Brasília: Editora Unb, 2000.
_____. *República*. São Paulo: Martins Fontes, 2006.
PLEKHANOV, Guiorgui. *O papel do indivíduo na história*. São Paulo: Expressão Popular, 2006.
PEREIRA, Maria Helena da Rocha. *Estudos de história de cultura clássica* – cultura romana. vol. II. Lisboa: Fundação Calouste Gulbenkian, 2009.
RANCIÈRE, Jacques. Who is the Subject of the Rights of Man? *South Atlantic Quarterly*, v. 103, n. 23, p. 229-230, 2004.
RAWLS, John. *Teoria da Justiça*. São Paulo: Martins Fontes, 2002.
REDE FEMINISTA DE SAÚDE. *Dossiê Aborto:* mortes previsíveis e evitáveis. Belo Horizonte: Rede Feminista de Saúde, 2005.
RIBEIRO, D. Maioria invisível. *Folha de São Paulo*, 8 de outubro de 2019, A23.
ROMANO, Santi. *Frammenti di un dizionario giuridico*. Milano, A. Giuffre, 1947.

ROSS, A. *Sobre el derecho y la justicia*. Trad. Genaro Carrió. Buenos Aires: Universitária, 1977.

ROUSSEAU, Jean Jacques. *Du contrat social*. Paris: Champions, 2010, livro II.

_____. *A origem da desigualdade entre os homens*.

SADE, Masquês de. *Filosofia na alcova*. São Paulo: Iluminuras, 2008.

_____. *Justine*. São Paulo: Iluminuras, 2019.

SICHES, Recaséns. *Vida humana, sociedad y derecho*. México: La Casa de España en Mexico, [s.d.].

SARTRE, Jean Paul. *Saint Genet* – ator e mártir. Petrópolis: Vozes, 2002.

SCAFF, Fernando. *Orçamento republicano e liberdade igual*. Belo Horizonte: Fórum, 2018.

SEN, Amartya. *Desenvolvimento com liberdade*. São Paulo: Companhia das Letras, 2002.

SICHES, Recaséns. *Vida humana, sociedad y derecho*. México: La Casa de España em México, 1939.

SÓFOCLES. *As traquínias*. Brasília: Ed. UNb, 1996.

_____. *Electra*. São Paulo: Abril Cultural, 1976.

_____. *Antígona*. São Paulo: L & M Pocket, 1999.

SUETÔNIO. *A vida dos doze césares*. 2. ed. São Paulo: Prestígio, 2002.

TABEÑAS, Castán. *Los derechos del hombre*. 2. ed. Madri: Reus, 1976.

TODOROV, Tzvetan. *A descoberta da América*: a questão do outro. São Paulo: Martins Fontes, 2010.

TUCÍDIDES. *A guerra do Peloponeso*. Brasília: Ed. Unb, 2001.

VEYNE, Paul. *História da vida privada*. São Paulo: Companhia de Bolso, 2010.

VOLTAIRE. *Dicionário filosófico*. São Paulo: Escala, 2008.

WOOLF, Virgínia. *Orlando*. Rio de Janeiro: Nova Fronteira, 2018.

ZABOBINI, Guido. *Corso di diritto administrativo*. vol. V. Milão: Griuffre, 1952.

ZIZEK, Slavoj. *Visão em paralaxe*. São Paulo: Boitempo, 2008.

fontes
Adobe Caslon Pro
Myriad Pro

@novoseculoeditora
nas redes sociais

gruponovoseculo
.com.br